La paix des sexes

Du même auteur

Prendre un papa par la main, Robert Laffont, 2018.
Love et cætera, Archipel, 2015.
Le Début de la tyrannie, Julliard, 2013.
Le Bal des hypocrites, Au diable vauvert, 2011 ; Les Poches du Diable, 2020.
Daddy frénésie, Plon, 2008.
Trapéziste, A. Carrière, 2006.
J'ai oublié de la tuer, A. Carrière, 2004 ; Le Livre de Poche, 2007.
Erreurs avouées (au masculin), A. Carrière, 2003.

Tristane Banon

La paix des sexes

Éditions de L'Observatoire

ISBN : 979-10-329-2189-0
Dépôt légal : 2021, octobre

170 *bis*, boulevard du Montparnasse, 75014 Paris

Aux femmes de mon pays,
À Tanya, ma fille, qui en sera une bientôt,
À Ethan, mon fils,
qui devra les respecter, toujours.

À Mila, et Force à nous !

« Si l'on vit assez longtemps, on voit que toute victoire se change un jour en défaite. »

Simone de Beauvoir

« La croyance que rien ne change provient soit d'une mauvaise vue, soit d'une mauvaise foi. La première se corrige, la seconde se combat. »

Friedrich Nietzsche

Merci Simone

Sur l'échiquier victimaire, je reste une référence.

Je suis un cas d'école.

Mon histoire valide tous les excès, je suis devenue le bras armé d'un combat qui refuse toute nuance, je suis l'arme d'une guerre qui n'est pas la mienne.

Je ne suis pas fière d'avoir été victime, je n'en ai pas honte non plus, je ne revendique aucun statut victimaire, je n'en fais pas profession, j'ai fait ce que je devais faire, c'est un moment de mon histoire personnelle.

Je refuse la guerre des sexes, elle n'avait de sens que pour imposer l'égalité de nos droits, il y a de l'honneur et de la dignité à baisser les armes quand on a vaincu le dernier soldat.

D'autres guerres sont à mener, celle-ci porte l'échec en son sein.

Je suis nuancée.

C'est une hygiène de vie.

À agir sans nuance, on éveille le pire en nous, celui qui conduit au recul de toutes les luttes.

Je veux l'exigence de la nuance.

Je suis une femme, je ne suis pas une victime, je l'ai été, ces choses-là passent.

C'est ma première nuance.

Quand le statut de victime tend à devenir une valeur ajoutée, un anoblissement que certaines veulent acquérir à tout prix comme on cherche à atteindre un statut social, je pense, au contraire, qu'héroïser la victime plutôt que de vouloir la respecter, c'est tuer la guerrière, assassiner la créatrice, valoriser la soumise, poser un interdit sur le fait que la femme soit l'égale de l'homme.

Je ne dis pas que les femmes ne rencontrent pas, encore aujourd'hui, bien des maux qu'il faut vouloir guérir, je dis que les inscrire dans une guerre des sexes perpétuelle, en appelant à la rescousse le passé d'une société au sexisme systémique clairement établi, ne convient pas.

Ma rencontre avec Simone de Beauvoir fut, à cet égard, déterminante.

Son existentialisme, qui fait de chacun de nous, quel que soit son sexe, un être égal et responsable, capable de dépasser tous les impossibles, est le frère jumeau appliqué au genre de l'universalisme que j'ai chevillé au corps.

C'est à l'existence, et non à notre statut, de déterminer celui que nous sommes, les réalisables qui sont les nôtres.

Nous sommes un « être-au-monde[1] » comme l'écrit Robert Legros.

1. Robert Legros, *L'Idée d'humanité*, Grasset, 1990.

Johann Gottlieb Fichte, lui, fait de l'être humain « l'être des possibles[1] ». Rien n'est plus vrai. Et c'est la raison pour laquelle l'existentialisme est un humanisme, il affirme que nos possibilités d'améliorer notre existence sont infinies. Mais il faut accepter la contrepartie que l'être humain est seul responsable de ses échecs.

Jean-Paul Sartre ajoute : « On peut toujours faire quelque chose de ce qu'on a fait de nous[2]. » Tout est dit.

Enfermer la femme dans un rôle de victime de toute éternité revient à l'enfermer, du fait de son sexe, dans une prison que l'on voudrait peindre d'un doré bon marché en faisant de la victimisation une revendication sociale magnifiée.

Simone de Beauvoir explique que « les femmes se forgent à elles-mêmes des chaînes dont l'homme ne souhaite pas les charger[3] ».

Autrement dit, nous tenons dans les mains les clés de la prison que nous dénonçons.

Penser que le combat pour l'égalité est un combat des femmes contre les hommes est une idée anachronique et archaïque.

Elle eut sa vérité, longtemps le droit de notre pays a validé un rapport de force qui remonte aux

1. Johann Gottlieb Fichte, *Destination de l'homme* (1832), Hachette, 2013.

2. Jean-Paul Sartre, *L'existentialisme est un humanisme*, Éditions Nagel, 1946.

3. Simone de Beauvoir, *Le Deuxième Sexe*, Gallimard, 1949.

origines des temps. Mais de Louise Michel à Olympe de Gouges, de Françoise Giroud à Gisèle Halimi, de Simone Veil à Simone de Beauvoir, toutes ont œuvré pour que le dernier bastion de droit sexiste finisse par tomber, en 2006, quand l'âge minimum requis pour le mariage devint le même pour les deux sexes.

Mon genre porte en lui des années de servilité forcée et de domination légale, de patriarcat institutionnalisé, une nécessaire révolte de son être.

Mon sexe porte en lui son passé.

Il n'est de passé qui ne doive être dépassé, aucun déterminisme ne l'empêche.

Simone de Beauvoir insiste si justement lorsqu'elle affirme que « le présent n'est pas un passé en puissance, il est le moment du choix et de l'action[1] ».

Je vais de l'avant, comme beaucoup de femmes, au même titre que les hommes de ce pays et de mon ère, il n'y a qu'ensemble que nous mènerons à bien le combat de l'égalité quotidienne.

La nouvelle bagarre est là, et c'est un enjeu collectif dont il serait fatal de vouloir exclure les hommes : s'habituer à l'égalité, se l'imposer à soi-même, l'exiger de l'autre, au nom de tous, briser les schémas, faire appliquer les lois, former les esprits, éduquer les citoyens.

Admettre qu'il n'est, en France, de société patriarcale que celle que l'on invoque de toutes ses forces est le premier pas sur ce chemin.

1. Simone de Beauvoir, *Pour une morale de l'ambiguïté*, Gallimard, 1947.

Simone de Beauvoir écrit encore que « la fatalité triomphe dès lors que l'on croit en elle[1] ».

J'ai 42 ans, je suis française, ma génération n'a que peu connu le sexisme systémique de ce pays, celles qui disent le contraire sont nées trop tard, pleines d'une révolte victimaire, dans une société trop juste.

Faute de pouvoir rendre universel un droit qui l'est déjà, ces tenancières autoproclamées de la maison féministe française voudraient que la justice devienne morale, arguant qu'elle est phallocrate, recherchant le patriarcat dans chaque moment de nos vies collectives, faisant de l'homme moderne l'ennemi de la femme contemporaine.

Ce combat-là a soixante ans de retard.

Se poser en arbitre de la moralité et vouloir, à défaut de pouvoir prétendre injecter de l'égalité, introduire toujours plus de morale dans le droit, car la morale est toujours du côté des victimes, va à l'encontre de l'intérêt du citoyen.

Or, la question est de savoir si nous voulons vivre en démocratie ou en victimocratie.

Au nom de l'idéal victimaire, et de son compagnon de route intersectionnel, qui dissimule mal un idéal morbide, ces féministes de la nouvelle génération se refusent à attaquer le seul sexisme systémique demeurant sur nos terres en 2021 : le sexisme

1. Simone de Beauvoir, *L'Amérique au jour le jour*, Gallimard, 1954.

systémique religieux. Il est le seul endroit où subsistent encore, en France, des lois faisant rempart à l'égalité sexuelle et à l'idéal citoyen.

Je suis née dans un pays qui doit s'unir pour survivre, la guerre des genres est un tango funeste qui conduira à sa perte notre égalité lumineuse.

Apprendre à s'unir plutôt qu'à se désunir, avancer dans le même sens, ne fût-ce que par instinct de survie, est notre seule issue face aux combats qu'il nous reste à mener.

Désormais que les lois de l'égalité existent, c'est à nous tous de réfléchir aux moyens de les faire appliquer, c'est à nous tous de nous éduquer. Et d'éduquer les autres.

Bien des batailles féministes restent à mener, s'aliéner la moitié de l'humanité pour y parvenir est une hérésie.

« Se vouloir libre, c'est aussi vouloir les autres libres[1]. »

Simone de Beauvoir

1. Simone de Beauvoir, *Pour une morale de l'ambiguïté*, *op. cit.*

Fille du monde d'avant

Je suis le témoin du monde d'avant.

Je suis celle que Dominique Strauss-Kahn a voulu violer, celle qui n'a pas su porter plainte pendant plus de huit ans, la première à avoir dit « *me too* », en décidant enfin de s'en remettre à la justice en juillet 2011, quand une autre femme (celle-ci était une immigrée américaine noire et femme de chambre) venait de se faire violenter par le même homme, à New York, en mai 2011[1].

1. L'affaire dite « DSK », ou « affaire du Sofitel de New York », est une affaire judiciaire de droit commun consécutive aux accusations d'agression sexuelle, de viol et de séquestration portées par Nafissatou Diallo contre Dominique Strauss-Kahn, directeur général du Fonds monétaire international (FMI) depuis novembre 2007. Les faits auraient été commis le 14 mai 2011, dans la suite 2806 de l'hôtel Sofitel de New York où Nafissatou Diallo est employée comme femme de chambre depuis 2008. La juridiction de l'État de New York procédera à la mise en détention provisoire de DSK, lequel plaidera « non coupable ». Son arrestation connaît un retentissement mondial, entraînant sa démission et son retrait de la course à l'élection présidentielle française de 2012. Le 19 mai 2011, il est inculpé et transféré de la prison de Rikers Island à un appartement new-yorkais dans lequel il restera en résidence surveillée. Il est libéré sur parole lors d'une audience le 1er juillet 2011. Les charges

Je ne me suis jamais sentie victime des hommes, je me suis sentie victime d'un homme, puis freinée par lui.

Nous sommes celles que l'on a bafouées, dénigrées, diffamées, celles à qui l'on a fait porter le lourd fardeau des espoirs politiques déçus incarnés par Dominique Strauss-Kahn.

Le « on » était indifféremment femme ou homme, et cette nuance est à apporter à ceux qui ont réécrit l'histoire à ma place depuis.

Il était l'homme providentiel[1], celui qui réussissait l'impossible réconciliation en fédérant la droite et la gauche d'un pays pareillement dégoûté par les deux courants de pensée prédominants dans l'hémicycle. Il était un social-démocrate, en somme, d'un positionnement comme la politique française en proposait peu en ces temps-là.

Tant d'espérances tombées à l'eau, tout ça pour une histoire de fesses mal vécue et une inextinguible soif de notoriété : c'est ce que beaucoup de médias écriront, c'est ce que beaucoup de Français avaleront, c'est ce que beaucoup d'esprits penseront.

---

pénales sont officiellement abandonnées le 23 août 2011, la crédibilité de la plaignante ayant été mise en doute. Le 10 décembre 2012, une transaction d'un million et demi de dollars intervient au civil entre les deux parties, mettant un terme définitif à l'affaire.

1. DSK était pressenti pour se présenter à l'élection primaire, organisée les 9 et 16 octobre 2011 par le Parti socialiste et le Parti radical de gauche, afin de désigner leur candidat commun à l'élection présidentielle de 2012. Les sondages donnaient alors Dominique Strauss-Kahn favori pour ces deux élections.

On m'a décrite porteuse de toutes les instabilités, meurtrie par l'absence paternelle, puis droguée, alcoolique, abandonnée à la chair, puis dévoreuse de mâles, fragile, manipulatrice, torturée... Tout et le contraire de tout !

Les âmes prennent du temps à admettre leur propre noirceur, alors mieux valait que je sois la récipiendaire de toutes les déviances, c'était sans doute rassurant.

Si cet homme existait, c'est qu'il en existait d'autres, et nous étions tous responsables, je l'ai toujours pensé.

Chacun de nous qui fait silence face au crime et au délit, chacun de nous qui tolère la domination, chacun de nous qui détourne le regard avec pudeur, chaque homme qui ne raisonne pas l'ami déviant... tous, nous sommes tous responsables des sorties de route que nous prétendons vouloir éviter.

C'est sans doute de la charge de cette responsabilité collective qu'on a voulu s'émanciper en me condamnant moi, plutôt que de nous condamner tous.

Je n'ai jamais voulu le rétablissement des frontières entre les genres, ni choisi la misandrie comme riposte à l'abus d'un seul homme.

J'ai toujours pensé que notre réponse devait être collective.

Je répétais, ces jours-là, que la folie d'un homme n'était pas celle de tous, mais que l'accepter en silence n'était plus inscrit à mon programme de vie.

Je ne me revendiquais pas victime, je me revendiquais citoyenne.

J'avais été la proie d'un homme. En portant plainte, je mettais fin au fait, je m'en remettais enfin au droit pour savoir ce qu'il avait à en dire.

En appeler au judiciaire, c'était refuser la fatalité du silence, ne plus être victime pour devenir libre, m'affranchir de l'acte subi. Mais je n'attendais aucune réparation de la justice ni aucune gloire publique.

La reconstruction est un chemin intime, plusieurs années d'analyse et de travail sur soi raccommodent parfois plus et mieux que les jugements de cour.

Prôner le fait que la justice doit soigner les victimes, c'est faire un pari dangereux pour celles dont on prétend défendre les intérêts, on ne peut attendre des tribunaux qu'ils vous soignent l'âme, telle n'est pas leur vocation.

Que la société ait vu dans ma démarche judiciaire la preuve d'une réalité trop difficile à accepter atteste que subsistaient encore de nombreux malaises, nous n'en sommes pas sortis.

Je repense à Simone de Beauvoir qui, venant de faire publier *Le Deuxième Sexe* en 1949, ouvrage qui mettait femmes et hommes face à la réalité de leurs rapports et de leurs êtres, prit des seaux de boue sur la tête.

En posant le féminisme existentialiste sur la table, en le théorisant et en décidant de démontrer par l'exemple un patriarcat dont femmes, hommes et religion étaient les coupables collectifs, elle forçait la société à affronter une réalité crue que celle-ci se refusait à accepter.

Pour Simone de Beauvoir, la femme était tout autant coupable que l'homme de sa condition, sa passivité, son avilissement immémorial, sa victimisation volontaire ne faisant qu'abonder un sexisme masculin qui ne saurait s'imposer sans la bienveillante soumission féminine.

Simone de Beauvoir raconte la réception de son livre : « Insatisfaite, glacée, priapique, nymphomane, lesbienne, cent fois avortée, je fus tout, et même mère clandestine. On m'offrait de me guérir de ma frigidité, d'assouvir mes appétits de goule, on me promettait des révélations, en termes orduriers, mais au nom du vrai, du beau, du bien, de la santé et même de la poésie, indignement saccagés par moi[1]. »

Faire tomber tout à la fois la statue d'airain de l'homme providentiel qu'incarnait DSK, et celle de l'Homme tout court, aux yeux d'une population en quête de lumière, c'était beaucoup de portes claquées d'un coup.

Car c'est aussi de cela qu'il s'agissait, admettre ce que l'on cachait jusqu'alors, s'avouer que l'on possède en nous, sur nos terres et sous nos toits, une part laide et dépourvue de tout respect pour l'être humain.

Avoir rétabli, au nom de cette part noire, une guerre de tranchées entre les sexes est une absurdité dont nous sortirons tous perdants.

1. Simone de Beauvoir, *La Force des choses*, Gallimard, 1963.

Reconnaître le fait, c'était accepter que le démon ne soit pas que chez les autres, ailleurs, au sein d'autres nations, d'autres cultures, mais qu'il était aussi chez nous, et que c'était à nous tous de vouloir l'empêcher.

Reconnaître le fait, c'était s'interroger, questionner son propre comportement, remettre en cause ses intimes tolérances et reposer l'ouvrage de la liberté sur le métier, repositionner au centre du débat cette vérité fondatrice de toutes les sociétés contemporaines : la liberté des uns commence là où commence celle des autres.

Poser qu'elle s'arrête là où commence celle des autres, comme on le fait communément et qui est incontestable, est tout autant insuffisant que c'est l'évidence. Car personne ne saurait être libre si une autre personne qui devrait l'être ne l'est pas également. On ne peut pas être libre seul. Tant que l'autre n'est pas libre, nous ne le sommes pas davantage. Vouloir que l'autre accède à cette liberté au nom de la liberté de tous, c'est la raison d'être de l'engagement.

Il faut ensemble regarder cet impératif, et les moments où il s'oublie, pour ouvrir les portes d'une maison commune.

Voilà d'où je viens, un peu de celle que je suis.

Je n'ai fait qu'appliquer, avec trop de retard, une liberté chèrement conquise avant moi, celle de dénoncer des actes illégaux et criminels.

Mon pays permettait cette dénonciation depuis mon plus jeune âge, et je suis tout aussi responsable que ceux qui m'entouraient de ne pas l'avoir fait plus tôt.

Les lois de mon pays permettaient mon action, c'est la société qui n'était pas encore éduquée à voir ses propres règles universalistes et égalitaires s'appliquer.

Je viens de l'ère où les bourreaux dictaient les règles du jeu médiatique, du temps où les victimes étaient symboliquement occises en place publique, avant que d'être stigmatisées, comme indélébilement tachées par le fait.

Je viens de cette époque-là, j'ai traversé #MeToo[1] comme nous tous, j'y ai loué la libération de la parole des femmes, la libération de l'écoute de tous aussi, et surtout, la possibilité du dialogue entre celles que l'on n'avait jamais écoutées et ceux qui se décidaient enfin à entendre.

J'ai rêvé devant la conversation établie, j'y ai même souvent perçu un sens donné à ce morceau de ma vie qui fut si violent et dont j'aurais voulu qu'il n'eût jamais existé.

Avec ces perspectives nouvelles, au moins les violences passées trouvaient-elles un sens puisqu'elles s'inscrivaient aux prémices d'une grande réflexion collective pour le mieux.

1. Le mouvement #MeToo est un mouvement social poussant à la prise de parole des femmes dans les affaires de viols et d'agressions sexuelles. L'idée est d'encourager les victimes à s'exprimer.

Tout rentrait dans l'ordre, les femmes ne voulaient plus se taire, le silence cessait.

J'ai toujours pensé que la parole était au début de tout, le monde nouveau qui se dessinait me donnait raison.

J'ai participé à de nombreux débats publics, souvent organisés par des hommes qui savent être des féministes d'exception et des organisateurs de talent.

Ensemble, tous ensemble, nous avons réfléchi à une refondation des rapports, à plus de respect dans le monde du travail, à l'égalité salariale, au harcèlement en entreprise, aux violences faites aux femmes, au chantage sexuel, à la nécessité de voir la société de demain comme le fruit d'un travail d'équipe entre les femmes et les hommes. Un travail collectif, en somme.

Puis j'ai régulièrement pris le large de toutes ces questions, ma part du combat ayant été livrée et le féminisme n'ayant jamais été mon « métier », mais un humanisme naturellement ancré en moi.

Je suis celle qui a vécu dans sa chair et dans son âme les excès détestables d'une France qui considérait qu'admettre la possibilité du crime sexuel revenait à faire une incursion dans la vie privée et les libertés fondamentales de l'être humain. Je suis de l'époque où l'on ne parlait pas de ces choses-là, de ces femmes et filles que l'on croyait sans en faire grand cas. Je viens du temps où l'on riait, autour d'une table, entre gens bien nés, d'une tentative de viol. Il y avait quelque chose de terriblement subversif à se sentir comme « privilégié » d'avoir le droit et la possibilité de regarder par le trou de la serrure pour voir ce que personne d'autre n'était autorisé à voir : un moment que l'on imaginait être d'intimité, ce que l'on appréhendait, à dire vrai, comme des ébats sexuels quelque peu déviants, différents, une sorte de jeu auquel une personne jouait par plaisir et l'autre par obligation. Rien de moins. Un simple jeu intime.

C'était aussi de cela qu'il était question, de l'édification, encore floue, de barrières acceptables entre le privé et le public dans les affaires sexuelles.

La question des violences sexuelles est longtemps restée, aux yeux de tous, comme relevant de la vie privée. En parler revenait à commenter ce qui ne nous regardait pas, chacun étant libre de ses fantasmes et de ses délires érotiques.

Bien des blocages autour de l'impunité régulièrement invoquée pour parler des crimes sexuels viennent de cette autocensure qui n'a rien de sexiste, mais relève d'une mauvaise appréhension du terme « sexuels » employé pour les décrire.

Peut-être faudrait-il réfléchir à trouver un autre mot pour parler des choses du sexe quand elles deviennent criminelles ou même délictuelles, car le mot « sexe » ramène inexorablement notre inconscient à la sphère privée.

Porter ces affaires-là devant la justice relevait, en 2011, soit de la mauvaise éducation, soit d'un puritanisme sans fondement. On objectait une indécente absence de limites, surtout dans certains milieux soucieux que chacun se mêle de ce qui le regarde et que les tas de linge sale se lavent en famille.

Ça n'était, encore une fois, pas une guerre des sexes, mais une guerre des perceptions.

J'ai l'intime conviction que rien n'aurait été différent si j'avais été un homme.

Rien.

Le puritanisme américain a longtemps servi de rempart à tout changement, en ce qu'il était un repoussoir efficace, personne ne voulant prendre le risque de toucher du doigt une organisation sociale à l'intérieur de laquelle prendre un ascenseur avec une femme était une prise de risque folle car « chez ces gens-là, des fous je vous dis, on peut se retrouver avec un procès pour avoir frôlé un genou, c'est d'une tristesse infinie ! »

Et de fait, il est vrai.

Pour justifier notre malaise et notre inefficacité face aux abus sexuels, nous tournions les yeux vers les États-Unis qui avaient, depuis longtemps, installé une guerre des sexes dont nous aurions dû continuer de ne pas vouloir.

En 1947, Simone de Beauvoir entreprend un voyage de quatre mois en Amérique.

Elle en tire son *Amérique au jour le jour*, qui n'est pas vraiment un journal de bord, pas franchement une autobiographie de l'auteur sur l'instant, mais sans doute un peu des deux à la fois. Elle y raconte sa découverte de New York, de Chicago, de Los Angeles, de Santa Fe, de La Nouvelle-Orléans aussi.

Surtout, elle livre une peinture aux couleurs crues de ce qu'elle voit des femmes et des Noirs, qu'elle observe de son œil existentialiste. Sur les rapports entre les deux sexes, elle écrit : « Un des faits qui m'a été tout de suite sensible en Amérique, c'est que hommes et femmes ne s'aiment pas. Pas d'amitié entre hommes et femmes. Méfiance réciproque, manque de générosité concertée. Elles acceptent l'étourdissement de l'alcool mais se méfient des pièges insidieux de la sensualité. Les hommes s'enferment dans leurs clubs, les femmes se réfugient dans les leurs, et leurs rapports sont faits de menues vexations, de menues disputes et de menus triomphes. Cette fondamentale inimitié ajoute encore à la grande solitude des gens d'ici[1]. »

Avoir pris ce modèle pour exemple est d'une infinie tristesse.

L'américanisation de notre lutte féministe, faisant s'élever l'un contre l'autre deux genres dont la loi consacre pourtant l'égalité, est une autodestruction de l'espèce en général et de la femme en particulier.

Je me souviens qu'en 2011, les féministes américaines raillaient notre féminisme, qu'elles qualifiaient « à la française » en ce qu'elles le trouvaient trop mesuré.

Il eût fallu s'accommoder de la raillerie plutôt que d'obéir avec admiration à l'injonction venue d'outre-Atlantique.

1. Simone de Beauvoir, *L'Amérique au jour le jour*, *op. cit.*

La profonde révolution sociétale qui se joue aujourd'hui a germé sur le terreau de 2011 et de l'affaire DSK, a pris racine en 2017 avec le mouvement #MeToo, et se débat aujourd'hui avec ses contradictions 2.0.

Cette lame de fond ne doit pas se satisfaire d'être une guerre des sexes organisée et alimentée, parfois artificiellement, par des féministes aux idéaux américanisés et excessifs qui ne collent pas à notre réalité.

Mais les révolutions sont toujours excessives.

Cette révolte répond d'ailleurs à une autre, celle de Mai 68, et aux ravages de sa liberté dévoyée.

Il ne s'agit pas de revenir sur le bonheur de la liberté sexuelle bienheureusement conquise, mais plutôt de pointer du doigt le saccage que certains en ont fait, plaquant sur tout et sur n'importe quoi le célèbre slogan « il est interdit d'interdire ».

Finalement, nous nous cachions jusqu'à 2011, et encore quelque temps après, derrière un positionnement intellectuellement discutable qui a fait de nos dérives odieuses des symptômes de poètes : il y avait un comportement sexuel français comme il existe un cinéma d'auteur un peu torturé, quelque chose qui fait mal, parfois, mais n'est que la preuve d'un romantisme qui refuse les conventions de la morale populaire et ose s'aventurer en terrain meuble. Les hommes en ont profité, les femmes ont joué le jeu.

Néanmoins, encore et toujours, ça n'était ni la loi ni le droit qui étaient coupables, le système n'était en rien phallocrate, c'étaient les commentateurs de l'instant, ceux chargés d'appliquer le droit aussi, qui étaient encore à éduquer, les femmes comme les hommes, la société, en somme.

La seule violentée sexuelle dont la *vox populi* condamnait instinctivement l'agresseur était celle que l'on retrouvait entre quatre planches.

À la violée assassinée, on n'osait tout de même pas dire qu'elle l'avait cherché ou qu'elle avait mal vécu un rapport préalablement consenti.

Pour échapper à la justice, ceux que l'on accusait de violences sexuelles se cachaient, il y a encore dix ans, derrière le timide aveu d'une vertu douteuse mais légale, voire acceptable pour ceux dont la culture fournissait prétexte à s'en accommoder. C'était malin. Ainsi transformaient-ils un acte en réalité illégal en acte amoral, lequel n'est pas nécessairement condamnable par la justice. L'objectif devenait de prouver que s'ils avaient effectivement outrepassé les morales pudibondes, ils n'en avaient pour autant enfreint aucune loi. Jolie pirouette !

En réponse, certaines féministes, fortes d'un moment de l'Histoire de l'humanité devenu par la suite favorable, entreront en croisade pour moraliser chaque moment de la vie, jusqu'à la loi qui les régit quand ils se déroulent en société.

En d'autres termes, les féministes nées de cet instant se sont fait prendre au jeu de leurs ennemis.

On attribue à Friedrich Nietzsche d'avoir dit : « Qui trop combat le dragon devient dragon lui-même. »

Ne pouvant plus dire que les lois de notre pays s'appliquaient différemment selon les genres, car ça n'était plus vrai, elles ont alors voulu démontrer à tout prix le patriarcat implicite de notre société, acculant tout sur le terrain de la vertu, pour ensuite demander au législateur de sacraliser ce nouvel ordre moral en le retranscrivant dans le droit.

Finalement, les féministes de l'ère nouvelle se revendiquent d'une guerre qui n'est plus la leur.

Plutôt que de s'attaquer avec les hommes à ce que le droit, devenu universel, s'applique plus et mieux, elles ont décidé de s'aliéner la moitié de l'humanité, menant leur combat dans un mur.

Sans mon consentement

Je suis d'un temps, pourtant pas si lointain, où la plainte pour violence sexuelle était exempte de tout éclat. En ce qui me concerne, ce fut même le moment du lynchage.

C'est contre ce lynchage que je me suis parfois élevée, jamais je n'ai revendiqué la gloire pour le fait.

L'assignation à résidence victimaire m'effraie, être diminuée à ce seul moment, à ce seul instant imposé de ma vie, est une réduction inique de celle que je suis.

Quelques années plus tôt, Élisabeth Badinter avait analysé dans *Fausse route* que l'époque s'engageait sur la pente dangereuse de la glorification de la victime. Elle rappelait alors ces mots de Pascal Bruckner : « L'infortune est l'équivalent d'une élection, elle ennoblit qui la subit et la revendiquer, c'est s'arracher à l'humanité courante, retourner son dépassement en gloire [...]. Je souffre donc je vaux. » Ce à quoi Élisabeth Badinter ajoutait : « Toute souffrance appelle dénonciation et réparation. [...] Le féminisme n'a pas échappé à cette évolution. Au contraire, il en a été l'un des fers de lance. On s'intéresse moins à celle qui réalise des exploits qu'à la victime de la domination masculine. La superwoman a mauvaise presse. Au mieux c'est une exception à la règle, au pire, une privilégiée égoïste qui a rompu le pacte de solidarité avec ses sœurs souffrantes[1]. »

Nous sommes en 2003 quand Élisabeth Badinter écrit ces mots.

Je n'ai pas vu que les choses ont beaucoup changé depuis.

Désormais, on constate bien souvent que la superwoman, de crainte d'être taxée d'avoir rompu le pacte de solidarité avec son sexe en souffrance, va trouver dans son passé l'instant de la domination pour en faire étalage et se montrer comme une victime acceptable, elle aussi. Pas si privilégiée, finalement... L'honneur est sauf !

À cet égard, Léa Salamé a eu une idée résolument neuve et pleinement féministe avec ses *Femmes puissantes*[2]. En mettant en avant la puissance des femmes, elle rompt avec le schéma qui veut que ce soit l'attribut d'une réussite typiquement masculine, comme si les femmes devaient abdiquer toute revendication de pouvoir.

En 2011, certaines féministes se sont approprié mon histoire pour faire de mon combat contre les violences sexuelles un combat des femmes contre les hommes au nom de la morale.

1. Élisabeth Badinter, *Fausse route*, Odile Jacob, 2003.
2. Léa Salamé, *Femmes puissantes*, Les Arènes, 2020.

Ça n'a jamais été ma guerre.

La morale ne doit jamais se confondre avec la loi, au risque de détruire la société qu'elle est censée protéger.

Avec l'affaire DSK, la question du consentement redevenait primordiale, et de là découlait une autre évidence : on n'oblige pas une personne à un acte sexuel sans son consentement.

Point n'est ici question de morale ou de contexte : le consentement de l'individu est préalable à tout acte sexuel avec lui ; s'affranchir de cette obligation, aller contre le consentement de l'autre, c'est aussi aller contre la loi.

La loi existait, elle était là, elle était posée.

Le viol est défini dans notre droit depuis 1980[1], et s'il fallait que certains textes soient améliorés, à la

1. Le viol existait déjà dans l'ancien Code pénal de 1810, mais il n'a pas été défini avant 1980. La définition du viol n'a cessé d'évoluer au fil des réformes et de l'avancée de la jurisprudence. Sous l'Empire, l'ancien Code pénal de 1810 propose une loi qui ne caractérise pas le viol, la question étant laissée à l'appréciation du juge. Ce dernier ne retenait, initialement, que la violence comme élément constitutif. En 1957, la Cour de cassation va donner pour la première fois une définition plus large de cette infraction : « le fait d'abuser d'une personne contre sa volonté, soit que le défaut de consentement résulte de la violence physique ou morale exercée à son égard, soit qu'il réside dans tout autre moyen de contrainte ou de surprise, pour atteindre, en dehors de la volonté de la victime, le but que se propose l'auteur de l'action ». Par la loi du 23 décembre 1980, une définition du viol fait son entrée dans le Code pénal : « Tout acte de pénétration sexuelle, de quelque nature qu'il soit, commis sur la personne d'autrui, par violence contrainte et surprise constitue un viol. »

marge, ce sont surtout les moyens de leur application qui continuent de faire défaut, comme ils font défaut à l'ensemble d'un système judiciaire à la peine, et pas seulement aux crimes et aux délits qui touchent des femmes.

À dire vrai, l'essentiel du problème en 2011 était, pour la presse et le grand public, de comprendre comment, quand cette règle fondamentale du consentement était bafouée, on pouvait ne pas porter plainte dans la seconde et attendre plusieurs années pour le faire. Cette question n'était pas spécifique à mon genre, mais à ma situation.

C'était une question sans réponse toute faite, car elle faisait partie d'un sujet trop longtemps ignoré, rarement discuté sur les plateaux, tabou et peu vendeur, celui des violences sexuelles.

Avec ma plainte arrivée trop tard et celle de Nafissatou Diallo arrivée si tôt, des centaines d'émissions de radio et de télévision ont vu défiler des psychanalystes spécialisés dans le traitement de victimes de violences sexuelles, et ce qui était un sujet à taire devint *le* sujet à débattre.

Je veux redire ici que si les femmes sont, de fait et de constitution, plus souvent les victimes de ce type de violences bien spécifiques, elles n'en sont pas pour autant les seules cibles, et porter plainte pour viol quand on est un homme est sans doute un acte encore plus délicat que pour une femme.

C'est une meilleure réception de la plainte, son traitement diligent et l'éducation de tous, et ce dès le plus jeune âge, qui nous sortiront de l'ornière.

Une fois encore, voir tout événement par le seul prisme du genre ne convient pas, aucune fatalité ne fait de la femme une victime par essence.

Combattre ces violences est un sujet trop grave pour se satisfaire de rétablir des murs détruits avant nous.

On découvrait aussi, en 2011 et avec cette affaire, des membres d'associations de lutte contre ces violences particulières et d'anciennes violées, ou violentées, qui ont pris de leur temps et de l'être pour expliquer que ces affaires-là ne sont pas si simples et que la durée écoulée entre l'acte et la plainte constitue une problématique bien plus compliquée qu'il n'y paraît, comme l'est le comportement des anciennes victimes par ailleurs.

Il a fallu expliquer que débouler au commissariat, les larmes au bord du dégoût et la peur en conseillère, n'est pas la chose la plus simple qui soit.

Il a fallu raconter que, souvent, celle que l'on a violentée veut reprendre le cours de sa vie d'avant la mauvaise rencontre, car elle vit dans le rêve qu'à jouer la comédie de la vie normale, alors la vie redeviendra normale.

Il a fallu détailler comment certaines tentent la légèreté pour évoquer les faits, convaincues qu'à en parler comme d'un marivaudage mal vécu, alors le corps se dissociera de l'esprit pour faire du drame un détail minuscule.

Il a fallu raconter la peur, les intimidations, les risques financiers, les risques sociaux, les risques familiaux, les risques... Tous les risques.

Je ne veux pas remettre en cause le sens de l'Histoire qui va, soyons-en satisfaits, vers le mieux. Avec la libération de l'écoute de la parole féminine, c'est un peu du dernier bastion de l'hégémonie patriarcale qui a pris fin, et il faut évidemment s'en réjouir. Si le droit avait déjà opéré ce changement et consacré l'égalité entre les sexes, la société n'y était pas encore parfaitement accoutumée, loin s'en faut.

Il y a quelque chose d'extraordinaire et de follement humain à avoir vécu cette révolution sociétale.

Les choses restent imparfaites, mais l'accélération de la prise en compte des marqueurs de l'égalité entre les genres depuis le début des années 1960 est une réalité que personne ne peut honnêtement contester.

Alors non, il ne s'agit pas de revenir sur des acquis friables et des problèmes enfin débattus, les lignes ont bougé, et être une femme dans les années 1960 n'est pas être une femme dans les années 2000, qui n'est pas non plus être une femme aujourd'hui.

Ce que j'accuse, ce sont les intentions, l'héroïsation de la victimisation, l'absence de clairvoyance, de discernement, la volonté de certaines d'inverser une oppression qu'elles n'ont, pour la plupart, pas connue.

S'il est inconcevable de hiérarchiser les souffrances, il n'est que d'intérêt victimaire de décider de ne plus hiérarchiser les crimes et les délits que le droit doit, lui, continuer de classifier selon leur gravité.

Quand la tambouille victimaire voudrait que toutes les atteintes aux femmes se valent et que certaines demandent, au nom de la morale, que la parole de la femme devienne légalement sacrée devant celle de l'homme, il faut rappeler que l'Histoire a prouvé que l'on ne fondait pas de société équitable sur une volonté de domination des uns sur les autres ou de sacralisation d'aucuns par rapport à d'autres.

Les féministes de cette nouvelle ère lynchent pareillement le goujat et le violeur, veulent la prison pour tout le monde, aimeraient faire comparaître les meurtriers aux assises avant qu'ils n'aient tué, assignent les femmes à une posture martyre quelle que soit leur réalité.

Désespérées de n'être point nées dans une société dont le droit avaliserait un patriarcat organisé, elles en appellent à la morale et attendent du droit qu'il accrédite le cynisme de la société, faisant de ces héroïnes les garantes du bien et du mal.

Or, si l'égalité chèrement acquise par nos aînés au fil des ans est d'un équilibre fragile dont il faudra toujours prendre soin avec la plus grande vigilance, les perpétuelles remises en cause du droit acquis à l'avortement en étant la preuve, il est faux de prétendre que notre société de droit ne défend pas, dans le dur de ses principes légaux, l'égalité entre les sexes.

Au lieu de vouloir faire mieux appliquer le droit, qui doit nécessairement l'être, d'éduquer la société encore et toujours, et d'améliorer notre vie en communauté, certaines tentent d'imposer une nouvelle lutte, de nous opposer les uns aux autres, de faire scission plutôt qu'union, voyant chaque événement par le prisme réducteur du seul genre de ses protagonistes, morcelant à coups de pioche dans notre pacte républicain ce que nos aînés ont mis tant d'années à péniblement construire.

Je ne dis pas qu'il ne faut pas préférer un monde d'hommes bien élevés à un monde de cochons, je dis qu'il faut… de la nuance !

Assignée à résidence victimaire

Comme beaucoup, j'entends parler du mouvement #MeToo en octobre 2017. Bien qu'il ait vu le jour dix ans plus tôt, c'est avec l'affaire Weinstein[1] qu'il prend son essor outre-Atlantique, jusqu'à éclabousser le monde et la France. L'idée est belle, elle signe cette solidarité féminine que nous avons tous appelée de nos vœux, elle veut encourager celles qui ont le courage de dire les monstres et de les traîner devant la justice, elle veut mettre fin à une impunité que seuls ceux que l'on dira « *boomers* » refusent de reconnaître. Évidemment que cette impunité fut réalité, évidemment que la femme fut longtemps quantité négligeable de l'équation. Il est tout aussi évident que les tenants du renouveau libertaire d'hier et d'avant-hier, contemporains de Mai 68 et du célèbre slogan « il est interdit d'interdire », n'ont pas admis que l'on veuille entraver une liberté qu'ils

1. L'affaire Harvey Weinstein est la révélation publique, en octobre 2017, des faits de harcèlement et d'agressions sexuelles commis par ce producteur, l'une des personnalités les plus puissantes et influentes du cinéma américain.

avaient, pour certains, largement dévoyée. Alors dire « Moi aussi ! », c'était faire nombre, c'était ne plus se taire, c'était encourager la plainte face au viol et à l'intimidation, c'était reprendre son futur collectif en main et refuser une forme d'oppression banalisée.

Bien que né quelques jours plus tôt, #BalanceTonPorc[1] m'arrive quelques jours plus tard.

Les mots me plaisent moins, la solidarité et une certaine forme de sororité ont laissé place, dans cette version française, au lynchage sans discernement aucun, en place de Net. Il faut pourtant admettre que ce pendant hexagonal du hashtag américain permit de prendre la mesure des incivilités et d'une certaine forme de sexisme ordinaire. Je crains vite les dérives et les outrances que je sens au pas de la porte, mais si des noms sortent, ils sont peu nombreux et c'est essentiellement à la source qu'on les trouve.

On me questionne sur le sujet, je dis mes réserves et mon cœur acquis à #MeToo, puis, comme un mantra, je répète que l'on vit une révolution et que toutes les révolutions vont avec leurs excès, le retour à l'équilibre arrivera bien, à terme. Je le dis comme on tente de se convaincre, comme pour ne garder que le bon de ce qui se joue sous mes yeux. Je rappelle qu'en 1789, la France coupa la tête à un roi qui ne fut pas le plus mauvais. C'est ainsi. Quand

1. L'appel autour des mots-clés « BalanceTonPorc » vise à dénoncer les hommes qui se sont comportés comme des porcs. Ces inculpations numériques vont du sexisme quotidien et du harcèlement de rue à l'agression sexuelle caractérisée.

les opprimés prennent les armes, ça n'est pas sans conséquences ni balles perdues.

Ce qui me désole, c'est la scission qu'opère la balance, dans les termes et dans les faits, au sein de notre société.

Nous voilà désormais répartis en deux camps, porcs ou victimes, selon que l'on est un homme ou une femme.

L'éventail des comportements dénoncés est infini, et rares sont les hommes qui sortent indemnes de toute action, ou propos dommageable, tant le spectre est large.

Non pas qu'il faille banaliser la chose ou admettre l'inadmissible, mais j'ai lu sous un même hashtag des propos graveleux et des paroles maladroites, relevant d'une mauvaise éducation patente et nécessitant une vraie reprise en main des fondamentaux de la politesse, jetés à la foule comme on a jeté des actes proprement traumatisants aux répercussions sociales, familiales ou professionnelles sans équivoque.

À dire vrai, à élargir à ce point les possibilités d'être un dégoûtant, je ne sais pas si, sur une vie de femme, beaucoup s'en sortiraient mieux si l'on ouvrait le décompte.

En mars 2018, je suis invitée aux Assises du journalisme de Tours pour y présenter mon livre, un roman que je viens juste de publier.

Une jeune femme vient me voir, elle est brune, les cheveux longs et l'air déterminé. Elle m'accuse de trahir la cause des femmes, me dit qu'on ne peut être victime et se désolidariser du #BalanceTonPorc. Elle ajoute que les Américains savent mieux la révolte que les Français, que chez eux, « si tu n'es pas pour, c'est donc que tu es contre ». J'explique que je ne sais pas, que je ne suis pas américaine, que je veux plus de nuance que ça et que #MeToo me parle davantage.

La brune me fixe, comprend que je ne la reconnais pas. Elle m'assène : « Tu ne sais donc pas qui je suis ? » Elle me tutoie, je ne la reconnais toujours pas. J'avoue mon ignorance, et que celle qu'elle est ne changera pas mon avis. Elle me dit qu'elle a donné des centaines d'interviews, me le répète comme si c'était une décoration sur une veste militaire. Elle me fait le décompte de ses followers sur Twitter, elle s'emporte, me parle de l'importance de la communauté de ses soutiens. J'entends, j'entends, je n'entends qu'elle. Je voudrais feindre l'admiration, au moins pour calmer sa rage, mais je ne sais pas, et chacun de ses éclats de voix me retire l'envie de la découvrir.

Je pense pour la première fois que je n'ai jamais compté les interviews que j'ai données, je n'en ai jamais tiré de fierté ni de honte, j'ai parlé quand je pensais devoir le faire, voilà tout. J'ai raconté mes écrits pour les défendre, puis ma vérité, comme on se justifie face à ce qui était encore un tribunal médiatique.

Je reviens à la réalité, la brune aux cheveux longs monologue.

Certains s'arrêtent, forment un arc de cercle autour de nous, cherchent à savoir l'origine de la colère.

La jeune femme ménage son effet, prend sa respiration et sa fierté par la main et me balance son pedigree :

— #BalanceTonPorc, c'est moi ! Je suis Sandra Muller.

— Très bien.

Je ne sais dire que « très bien ». J'aurais voulu ajouter « et alors ? »

Proust me revient, *La Prisonnière*, le cinquième tome de *La Recherche*. La princesse de Naples n'a que faire de Mme Verdurin qui veut absolument être reconnue par elle, et Proust raconte : « Mme Verdurin fit une révérence à la Reine. Voyant que celle-ci n'avait pas l'air de la reconnaître : “Je suis Mme Verdurin. Votre Majesté ne me reconnaît pas. – Très bien”, dit la Reine en continuant si naturellement à parler à M. de Charlus, et d'un air si parfaitement absent que Mme Verdurin douta si c'était à elle que s'adressait ce “très bien” prononcé sur une intonation merveilleusement distraite [...]. »

À Sandra Muller, puisque c'était elle, je dis que l'on n'est pas pareillement « porc » si l'on viole et si l'on parle mal, pas pareillement condamnable, pas pareillement haïssable.

Je veux expliquer que le Net ne fait pas de quartier, que le nom qu'elle lui a jeté en pâture ne s'en remettra pas, que cet homme qui, alcoolisé, fut si mal élevé et très vulgaire, se retrouve puni par le tribunal populaire comme s'il avait violé, sans pourtant ne l'avoir jamais touchée.

Adieu femme, mariage, travail, amis.

Adieu la vie pour quelques mots de trop, des mots de porc, mais juste des mots jetés avec vulgarité et quelques verres un soir de festivités.

Je n'excuse rien de l'indécence du propos aviné, j'en appelle à la proportionnalité de la peine.

Sandra Muller a socialement assassiné un homme pour excès de trivialité.

C'est cher payé, quoi qu'on en pense.

Éric Brion, anciennement patron de la chaîne de télévision spécialisée Equidia, fut par elle dénoncé pour lui avoir dit ces mots : « Tu as de gros seins. Tu es mon type de femme. Je vais te faire jouir toute la nuit. » Quand il est si vulgaire, car c'est surtout de cela que l'on parle, il est tard dans la nuit. Ça ne donne aucune excuse, mais cela renseigne sur un contexte. Aucun ne niera jamais les excuses envoyées dès le lendemain matin par l'homme conscient de s'être un peu trop éloigné des élégances de la vie.

Éric Brion n'était pas le patron de Sandra Muller, ni même son supérieur hiérarchique d'aucune sorte. Il ne l'a pas touchée, ne l'a forcée à rien. Jamais.

Derrière lui, plus de 900 000 messages seront postés, tous reprenant le même hashtag #BalanceTonPorc.

Je ne nie pas le succès de Sandra Muller, je dénonce une sentence excessive.

Mais Mme Muller ne veut pas savoir, elle ne veut rien entendre, la discussion est fermée.

Je lui dis qu'existent des hommes bien, elle me répond que non.

De là vient le problème peut-être, de penser que non.

Il doit exister quelque part une photo de ce moment. Sandra Muller a voulu la prendre, pour « prouver que nous sommes unies, malgré tout, du côté des victimes ».

C'est la première fois que je me suis sentie assignée à résidence victimaire, la première fois que j'ai éprouvé ce malaise de devoir appartenir, de force, à une grande famille inattaquable qui nous obligerait toutes, au nom de la convergence des luttes, à approuver chaque idée défendue par un autre membre du clan, victime à tout prix.

Victime à tout prix

En 2011, quand je portais plainte contre Dominique Strauss-Kahn, il y avait une certaine dignité à n'être pas trop procédurière. Non pas qu'il n'était pas décisif de déposer plainte dans les cas de viol ou de tentative de viol, on m'a souvent reproché de l'avoir fait bien trop tard et on a eu raison, mais l'on considérait que le recours à la justice devait être réservé aux affaires d'importance, car à trop brandir la plainte, on la vidait de sa substance.

J'acceptais, à l'époque, mes fautes, je les accepte toujours.

Mon retard judiciaire fut une erreur.

Il faut porter plainte au plus tôt. À cet égard, la volonté des féministes de repousser toujours plus loin la possibilité de s'en remettre à la justice est une hérésie, ou une façon de prendre le problème à l'envers pour gonfler toujours plus la masse de la revendication victimaire.

On citait l'Amérique comme ce pays excessif où tout était prétexte à procès, où une drague un peu trop lourde, une parole vulgaire, emmenait systématiquement au tribunal. On raillait que chaque

États-unien a bien souvent un avocat attitré là où il était de coutume pour les Français de n'en avoir pas besoin.

On aimait les Américains, mais quand même, ils étaient un peu dingues !

Chez nous, l'État de droit tenait bon la mesure, on considérait que les petites choses se réglaient entre gens intelligents et que l'on s'en remettait à la justice des hommes pour les affaires notables.

Ce qui m'interroge en 2021, dix ans plus tard, n'est pas la prolifération d'accusations de viol, de violences ou d'agressions sexuelles qui ont trouvé un écho avec l'accession au débat public. Elles restent d'ailleurs amplement mal reçues par une institution judiciaire qui demeure insuffisamment formée, trop inefficace car en manque criant de moyens et de personnel, lequel personnel n'est pas encore assez sensibilisé.

Non, ce qui m'interroge, c'est le bruit extraordinaire fait autour de certaines affaires, largement instrumentalisées par des féministes déterminées à en découdre avec un patriarcat désormais fantasmé, gonflant à l'hélium les traumatismes des plaignantes et demandant à la loi de cautionner la gravité des faits.

Attention, il ne s'agit d'ignorer ni les traumatismes ni les faits, mais de hiérarchiser les crimes et les délits et, surtout, de ne jamais élever le statut de victime à celui de graal social et sociétal.

Il faut le redire et ne jamais perdre cette évidence de vue.

Est-ce un idéal à atteindre que de vouloir calquer notre société sur celle des États-Unis, sur cette société fracturée qui tente depuis toujours de faire union, tandis que nous y étions enfin parvenus ?

Il s'agit de s'interroger sur la volonté de niveler l'ensemble des atteintes physiques, sexuelles ou morales faites aux femmes en un immense maelström ouvrant à l'infini la réclamation victimaire.

Car avec cette revendication perpétuelle, avec cette volonté de segmenter la société entre dominants et dominés, les dominés étant par essence les femmes, on brise à sa source tout espoir de sereine cohabitation entre les genres.

Il ne faut pas nier les dysfonctionnements, les limites imposées, le sexisme ordinaire, les injonctions que la société fait parfois peser sur les femmes, il s'agit de hiérarchiser les maux et de rechercher, pour chacun, leurs justes responsables.

Dès lors, il convient de se demander ce que certaines briguent vraiment dans cette insurrection permanente. Tout se passe comme si le statut de victime et son corollaire, celui de féministe autoproclamée, devenait en certains cas un statut social à acquérir, la marque d'une appartenance à un clan qui nous protégerait de tout, tout le temps.

Il y a pourtant une attitude profondément morbide et mortifère à se revendiquer victime perpétuelle comme l'on voudrait atteindre un grade de respectabilité au sein de la société.

Car si être victime devient une nouvelle façon de briser le plafond de verre dont nombre de femmes se plaignent, c'est que la création, le mérite et le travail sont réduits au rang d'accessoires.

Or, sans eux, ce sont les femmes dans leur ensemble qui se retrouvent privées d'avenir véritable.

La force d'un groupe réside dans le nombre de ses adhérents.

Dès lors, au nom de la convergence des luttes, les féministes de l'ère nouvelle ont trouvé refuge dans l'intersectionnalité.

Ainsi, elles ne sont plus reliées aux autres seulement par la volonté de défendre les femmes, mais par une ambition nouvelle, encore une fois venue des États-Unis, celle de défendre toutes les victimes. Par conséquent, chaque cible d'un fait est défendue par le groupe des cibles de tous les autres faits.

Les femmes, les victimes de racisme, les victimes d'antisémitisme, les victimes d'homophobie, de transphobie, de grossophobie, et de toutes les autres formes de discrimination odieuses et propres à faire des persécutés véritables, sont désormais réunies en un seul club victimaire géant.

Voilà qui pourrait être une belle idée, car il n'est pas franchement né d'hier qu'« ensemble, on est plus fort », seulement les règles non dites de l'intersectionnalité et la politisation du combat font que, voulant défendre tous les opprimés au sein d'un grand idéal sacrificiel, les féministes prodiguent un soutien à géométrie variable selon la nature de l'agresseur.

Ainsi, le mercredi 16 juin 2021, tandis qu'Alice Coffin, journaliste et militante féministe, vient donner une conférence à la Friche Lucien, à Rouen, sur ses livres, lesquels traitent de la question lesbienne et de la sororité, des militants anti-LGBTQ[1] lancent des propos lesbophobes à son encontre. Inacceptable. Dans un même mouvement, un homme s'approche de la jeune femme, il est habillé d'un costume et porte un bouquet de fleurs à la main, il s'agenouille et déclare : « Je sais que vous ne mangez pas de ce pain-là, mais je me permets de vous offrir des fleurs. » D'autres garçons, venus avec lui, déploient alors une banderole sur laquelle on peut lire : « Pourquoi vous n'aimez pas les hommes, Alice Coffin ? » Les garçons, tous âgés d'une vingtaine d'années, sont rapidement dégagés par la sécurité. Fin de l'histoire.

Dans les heures et les jours qui suivent, politiques se revendiquant du féminisme, têtes de proue du combat féministe et autres défenseurs des droits des victimes associées témoigneront tous leur solidarité et leur soutien face à « la haine et la violence des identitaires masculinistes ». Nous sommes le 16 juin 2021, le procès contre les cyberharceleurs

1. LGBTQ est un sigle utilisé pour qualifier les lesbiennes, gays, bisexuels, trans et queers. Le sigle LGBTQIA+ inclut les précédents et les intersexes et asexuels, et toute autre personne non hétérosexuelle, non cisgenre et non dyadique. En anglais, le – Q – signifie aussi *questioning*, c'est-à-dire « en questionnement » quant à son orientation sexuelle, son identité ou l'expression de son genre.

de la toute jeune Mila[1] s'est ouvert un peu moins de deux semaines plus tôt, et cela fait dix-huit mois que les féministes n'expriment aucun soutien clair à l'adolescente menacée de mort.

1. L'affaire Mila commence le 18 janvier 2020, lorsqu'une jeune adolescente de 16 ans, prénommée Mila, critique l'islam de manière fleurie sur Instagram, à la suite de propos lesbophobes appuyés de religion et formulés par un internaute éconduit. La vidéo de ces propos devient virale, elle déchaîne la haine de milliers d'internautes qui l'accuseront de blasphème et appelleront à son viol, à des actes de violence envers elle et à son meurtre. Face à l'ampleur du phénomène, la jeune fille est déscolarisée et placée sous protection judiciaire. Treize de ses cyberagresseurs sont jugés en juin 2021. Le 7 juillet 2021, le tribunal correctionnel de Paris prononce des peines allant de quatre à six mois de prison avec sursis contre onze des treize prévenus.

Mila

Le féminisme français ne peut se départir d'un soutien inconditionnel à Mila. Il n'est pas acceptable que celles qui se revendiquent comme étant les tenancières de la maison féministe française refusent de donner de la voix à Mila au motif qu'à 16 ans, cette jeune fille a blasphémé en réponse à des attaques lesbophobes très largement armées de religion dégoupillée.

Comment peut-on se satisfaire de refuser un soutien sans condition, en arguant à mots couverts que la soutenir serait faire insulte à des croyants, eux-mêmes stigmatisés, donc frères de combat à l'heure de l'intersectionnalité ?

Quel paradoxe que de perdre son humanité et ses valeurs au nom de l'humanité et des valeurs !

Mila n'a jamais attaqué des fidèles, elle s'en est prise à une religion.

Autrement dit, elle a cogné un concept, un ensemble de doctrines, une idée plus ou moins rassurante que l'on est libre de croire ou pas, mais qui ne saurait s'offusquer de rien.

Il n'est pas acceptable de se prétendre du côté de la défense des femmes et de laisser une jeune fille affronter, sans la soutenir haut et fort, 100 000 menaces de mort pour cette seule raison qu'elle a critiqué une croyance et qu'être du côté de sa défense pourrait être interprété comme un soutien islamophobe.

Comme tout cela est insultant pour les musulmans qui, et à juste titre, ne se sentent ni comptables ni concernés par les condamnations extrémistes d'une frange radicalisée de croyants.

Car c'est évidemment de cela dont il s'agit : le néoféminisme français refuse son aide à Mila car on ne veut surtout pas prendre le risque de vexer un autre « club » de victimes et qu'au nom de l'intersectionnalité, qui commande que toutes les victimes ne fassent qu'une, on laisse Mila sur le bord du ravin faute d'être la proie du bon agresseur.

Est-ce à dire qu'il y a donc, à l'ère de la victimisation, un carré VIP de féministes autoproclamées qui décident de quelles sont les victimes qui ont, ou non, la carte ?

La philosophe Marylin Maeso résume ainsi cette idée dans son livre *Les Conspirateurs du silence* : « À croire que les barreaux sont moins froids, les coups plus doux lorsqu'on reste en famille[1]... »

Dès les premiers temps de l'affaire, l'association Osez le féminisme, premier mouvement féministe français, a cherché des moyens de n'en rien dire. Sa porte-parole, Alyssa Ahrabare, plutôt que d'apporter

1. Marylin Maeso, *Les Conspirateurs du silence*, Éditions de l'Observatoire, 2018.

un immédiat, grand, beau et très féministe soutien à Mila, lequel aurait fait la preuve d'une intégrité rassurante, choisit de se perdre en conjectures plus ou moins bancales : « C'est une question extrêmement complexe et difficile. »

Puis, ne sachant plus éviter la prise de position, l'association incrimina la violence de Twitter, comme s'il s'était agi d'un dieu incontrôlable ou d'une créature autonome, tout en concédant qu'on avait le « droit de critiquer des religions patriarcales et misogynes ».

Je veux remercier ces courageuses militantes pour cet élan libertaire si bien contrôlé.

Ces dames se gardèrent adroitement de trop critiquer l'humain derrière l'écran, c'eût été mettre un pas en terrain meuble.

Mais les claviers n'écrivent que sous ordre, mesdames, on ne peut condamner « la violence de Twitter » sans incriminer ceux qui la prêchent.

Il n'y a pas de puissance affranchie de Twitter. Il y a, derrière l'outil, des utilisateurs.

Ce sont eux qu'il fallait condamner.

Très vite, les figures médiatiques d'un féminisme pourtant fort bruyant d'ordinaire n'ont plus su comment « silencer » la question. Elles qui n'ont de cesse de vouloir donner de la voix aux injustices faites aux femmes, sont restées bouche cousue face à l'incroyable violence qu'on leur mettait pourtant sous les yeux.

Caroline De Haas, militante féministe à l'origine du mouvement #NousToutes, qu'elle créa en juillet 2018, s'est immédiatement désolée que l'on s'attache à ce point à « un cas particulier » quand, selon elle, c'est « la violence systémique » qu'il fallait dénoncer dans son ensemble.

Le 4 février 2020, interrogée sur ce qu'elle pensait de l'affaire Mila et du cyberharcèlement dont elle a fait l'objet, Caroline De Haas répond : « Quels que soient les propos que cette jeune fille a tenus – et en l'occurrence ça pouvait être blessant pour des gens –, rien ne justifie les violences. Ce qu'a subi Mila fait partie des multiples campagnes de cyberharcèlement qu'ont connues des femmes et des jeunes femmes, en particulier des féministes, qui s'en prennent plein la gueule au-delà de la moyenne[1]. » Ainsi, la question de l'extrémisme religieux est-elle judicieusement tenue à l'écart du discours, et le cas de la toute jeune Mila noyé parmi tous les autres cas de cyberharcèlement, surtout ceux touchant les « féministes ». Voilà Caroline De Haas exaucée, le cas particulier ne l'aura pas occupée trop longtemps. Pas de vague avec nos sœurs et nos frères de lutte.

Alors bien sûr, il y eut quelques communiqués de presse, aussi des tweets, comme des soldats satisfaits d'assurer le service minimum.

Mais pas de vraie veillée d'armes féministe, ni même de jour du grand combat, pas de manifestation, pas d'opération de réaffirmation de nos libertés.

Pas grand-chose, en fait.

1. Interview de Mathieu Dejean pour *Les Inrockuptibles*.

Mila nécessitait que s'organise la résistance, elle a eu droit à quelques tracts sous le manteau.

Éric Piolle, maire de Grenoble sous l'étiquette Europe Écologie-Les Verts, écrit sur son compte Twitter le 4 juillet 2021 : « J'endosse le rôle d'allié des luttes féministes. Je refuse de faire de la récupération. J'assume de me déconstruire et de me reconstruire. De grandir. Je suis conscient de mes privilèges, ils me donnent la responsabilité d'agir pour celles qui ne peuvent pas. » Ce jour-là, Éric Piolle est candidat à la primaire des Verts pour la présidentielle depuis vingt-quatre heures, Mila est en plein procès dans l'affaire qui l'oppose à onze de ses cyberharceleurs, la 10e chambre du tribunal correctionnel de Paris doit rendre son jugement trois jours plus tard et, depuis plus de dix-huit mois, Éric Piolle n'a évoqué qu'une seule fois le prénom de la jeune fille, pas une minute complète sur son cas en un an et demi de temps.

Quelques secondes pour 100 000 menaces de mort[1], c'est être allié des luttes féministes à moindres frais que l'être ainsi.

En refusant de choisir entre la proie et l'offensé, ces féministes-là ont abandonné leurs idéaux au profit de luttes plus conformes à leurs dogmes victimaires.

1. Ces secondes appartiennent au discours d'Éric Piolle, prononcé lors du « Grand meeting pour l'emploi, pour le climat ! Ensemble, l'écologie c'est possible » du jeudi 24 juin 2021, dans le Jardin de ville de Grenoble, à l'approche des élections régionales de 2021.

Dans *Les Conspirateurs du silence*, Marylin Maeso rappelle ces mots de Jean-Paul Sartre : « Choisir de ne pas choisir, c'est encore choisir[1]. »

Peut-on accepter qu'au nom de l'indispensable parole libérée, ces féministes prennent fait et cause pour des affaires non encore jugées, dont elles ne savent rien, balayant d'un revers de la main la présomption d'innocence, prenant des accusés pour en faire des coupables, sans se lever comme une seule femme pour une affaire Mila dont on sait tout ? Absolument tout.

Là, pas de mystère, pas de question, pas de parole contre parole, pas de preuve manquante, pas de témoin absent, pas de souvenirs divergents, pas de consentement invoqué. Rien.

Rien d'autre qu'une jeune femme qui mérite toute l'attention des féministes pour être menacée de mort sans n'avoir jamais commis aucun délit, une femme qui pourrait être n'importe laquelle d'entre nous, une jeune femme qui est menacée de mort depuis plus de dix-huit mois pour avoir mis un doigt métaphorique dans des fesses imaginaires.

Une jeune femme dont certains trouvent encore à expliquer qu'ils ne la soutiennent pas car elle refuse de s'effacer, qu'elle n'accepte pas de s'excuser de n'avoir commis aucun acte légalement répréhensible.

Une femme que l'on condamne encore parce qu'elle n'a pas la bonne couleur de cheveux, le bon style, le bon ton ni le bon pedigree.

1. Marylin Maeso, *Les Conspirateurs du silence*, *op. cit.*

En 2011, quand je portais plainte contre Dominique Strauss-Kahn et que le lynchage consistait à expliquer que mes traits trop fins, mes ongles trop bleus (oui, j'ai fait ça), mes cheveux trop blonds, mon passé trop compliqué, mes fréquentations trop débridées ou ma situation familiale trop instable ne faisaient pas de moi une victime « crédible », les féministes criaient à juste titre que « la victime idéale n'existe pas ! ».

Alors quoi ?

Ce qui était valable avant #MeToo serait périmé en victimocratie ?

Où sont rangés les convictions, les idéaux, les valeurs du féminisme ?

En 2011, quand je portais plainte contre Dominique Strauss-Kahn et que certains me refusaient le respect, car je m'attaquais à un homme puissant, plaisant pour certains, juif, et récipiendaire des espoirs de la gauche de ce pays, mais aussi d'une frange non négligeable de la droite, les féministes répliquaient, et comme elles avaient raison, que la question n'était pas de savoir *qui* il était, mais de s'interroger sur ce qu'il avait possiblement fait.

Alors quoi ?

Ça aussi, ça n'existe plus en victimocratie ?

Faut-il en conclure qu'en devenant puissantes, les féministes ont oublié de rester intègres ?

En 2011 toujours, elles étaient choquées, et il convenait de l'être, de la réaction de caste d'une famille politique qui était prête à des silences coupables pour protéger l'un des leurs. Voilà que la caste a changé et qu'au nom d'une nouvelle solidarité de gang, on ne soutient pas celle dont le statut victimaire ne fait pourtant injure à aucune présomption d'innocence.

Deux poids, deux mesures, une seule lâcheté.

Leur silence est coupable, et se cacher derrière cet autre argument que soutenir Mila ferait le jeu de l'extrême droite revient à abandonner la défense de nos libertés fondamentales aux bénéfices de calculs politiques qui, outre le fait qu'ils sont discutables, ne devraient jamais avoir leur place au sein du combat féministe.

J'ai toujours pensé le féminisme comme un humanisme, un universalisme qui devait refuser les inégalités et les privations de libertés.

J'ai toujours vécu le féminisme comme un devoir de soutien face à la violence, à l'injustice, aux jugements de genre et à tout ce qui empêche la femme d'être qui elle veut, comme elle le veut.

Chaque femme de ce pays a droit à la liberté et à la sécurité.

Chaque féministe doit s'élever contre quiconque voudra empêcher cette liberté et cette sécurité.

Celles qui, au nom de la susceptibilité présupposée de victimes co-fraternelles, refusent leur aide à Mila, sont des complices qui auront à répondre du recul de nos libertés à tous, libertés qu'elles auront regardé s'étioler sans rien dire.

Pour rappel élémentaire, la liberté d'expression est définie par la Déclaration universelle des droits de l'homme de 1948 et pose que « tout individu a droit à la liberté d'opinion et d'expression, ce qui implique le droit de ne pas être inquiété pour ses opinions et celui de chercher, de recevoir et de répandre, sans considération de frontière, les informations et les idées par quelque moyen d'expression que ce soit ».

L'article 10 de la Convention européenne des droits de l'homme précise qu'elle constitue l'un des fondements essentiels d'une société démocratique.

Élisabeth Badinter a dit, le 11 juin 2021, alors qu'elle était invitée à parler à la radio : « Une civilisation meurt quand elle recule sur ses principes et ses valeurs, et quand ceux qui les remettent en question avancent[1]. » Comment accepter que des féministes regardent leurs valeurs reculer, rivalisant d'égards pour ceux qui les remettent en question, et qui, eux, avancent ?

En 1994, Le Conseil constitutionnel réaffirmait que la liberté d'expression est « une liberté fondamentale d'autant plus précieuse que son existence est une des garanties essentielles du respect des autres droits et libertés [...] ».

C'est tout à la fois une liberté individuelle et collective, et je ne comprendrai jamais que certaines féministes militent pour que la Déclaration des droits de l'homme soit rebaptisée « Déclaration des droits de l'homme et de la femme », sans pour autant avoir à cœur de défendre de façon totale et viscérale chacun de ses articles, à commencer par celui qui en

1. Propos tenus lors de « L'interview politique » de Sonia Mabrouk, sur Europe 1, le 11 juin 2021.

est l'un des fondements : la liberté d'expression. Et donc Mila.

La France est la patrie de Voltaire, et il faut se rappeler qu'il a écrit dans son *Traité sur la tolérance* : « De toutes les superstitions, la plus dangereuse n'est-elle pas de haïr son prochain pour ses opinions ? » Et d'ajouter ce qui, des années plus tard, nous fait encore français : « Je ne suis pas d'accord avec ce que vous dites, mais je me battrai jusqu'au bout pour que vous puissiez le dire[1]. »

Oublier ces mots de Voltaire, c'est nous oublier nous-mêmes en tant que patrie des Lumières et de l'universalisme.

Tant que Mila est menacée, c'est que chaque femme et chaque homme de ce pays sont menacés.

Sans doute les féministes, trop occupées à réclamer l'imprescriptibilité, ont-elles oublié de défendre Mila et la liberté d'expression avec elle. Mauvais timing !

1. Voltaire, *Traité sur la tolérance* (1763), Gallimard, 2016.

Victime à vie ?

L'imprescriptibilité.

Je suis pour, autant que je suis contre.

Et je ne parviens pas à régler cette contradiction en moi.

Je reste épatée que certains aient parfaitement réglé la question, au point d'être hermétiquement fermés à toute discussion contradictoire.

Philosophiquement, si l'on considère que l'imprescriptibilité concerne les « crimes contre l'humanité », comme c'est le cas dans notre droit français, alors elle doit s'appliquer au viol. Le viol est, très exactement, un attentat contre l'existence.

Violer quelqu'un, c'est très précisément commettre un crime contre son humanité. On ne viole pas une personne sans l'amputer définitivement d'une part de son avenir.

Cette violence inacceptable ne souffre aucune prescription. Aucune.

Mais penser que l'imprescriptibilité est une solution qui augmentera le nombre des violeurs qui paieront pour leurs actes est néanmoins une erreur.

Ouvrir toujours plus grand la boîte de la revendication victimaire ne réglera pas le problème à sa source.

Car, même si le crime devenait un jour imprescriptible, la justice ne saurait se passer de preuves.

Et plus la plainte arrive tard, plus la possibilité de prouver le crime s'amenuise.

Cette possibilité est comme une peau de chagrin, chaque jour qui passe la réduit inexorablement.

Or, on ne lutte pas contre le retard de la plainte en rendant le fait imprescriptible, on lutte contre lui en éduquant à la réaction immédiate et en cherchant à la provoquer.

L'objectif ne doit pas être de compter toujours plus de victimes, mais d'en compter moins.

La solution aux violences sexuelles ne viendra pas de l'imprescriptibilité, elle viendra de nous tous, de notre éducation collective d'abord, de la dénonciation sur-le-champ des crimes et des délits ensuite, et du traitement efficace des plaintes enfin.

Promettre aux femmes que défendre leur égalité de sexe équivaut à leur obtenir d'accéder au statut de victime toujours plus longtemps après le fait concède d'entretenir un climat victimaire à l'infini.

Il faut, au contraire, vouloir que la femme, l'ancienne victime, s'affranchisse absolument de ce statut temporaire pour qu'elle reste, et à durée illimitée, l'égale de l'homme, au moins dans ce pays.

La déresponsabiliser totalement, en voulant lui offrir le droit à la plainte à perpétuité, la rendant étrangère à la prise en main immédiate de son destin, est une erreur.

Réclamer l'imprescriptibilité, c'est dire à la femme, comme on dirait à une enfant : « C'est si difficile, ne t'en veux pas, tu feras ça quand tu seras plus grande. »

C'est l'inverse qu'il faut vouloir atteindre, avec toutes les difficultés et le dépassement de soi que cela suppose. Il faut vouloir lui dire : « Tu n'es plus une enfant, tu n'es pas moins puissante que lui, la loi consacre les moyens de ton égalité, brave la difficulté, car tu en es capable, et dénonce l'abus, maintenant. Ne sois plus victime, sois libre ! »

La question de l'imprescriptibilité est difficile à trancher.

Si la prescription apparaît comme le sauvetage du criminel, ce qu'elle est aussi, elle n'en est pas moins, malgré tout et bien souvent, la limite au-delà de laquelle le calvaire n'est plus acceptable pour la victime. Autrement dit, avec la prescription, quantité de tourments passent leur chemin dans le parcours du retour à la vie de celle qui fut meurtrie. Il faut avoir connu l'éternelle litanie de leurs assauts incessants – « dois-je ou non porter plainte ? » – pour savoir qu'il est nécessaire d'y mettre fin un jour. Avec la prescription, voilà cette possibilité qui bascule, de fait, dans l'invalidité. Or, ce balancier de l'âme est insupportable pour celle (ou celui) qui le subit.

Avec la prescription, et l'impossibilité de retour en arrière qu'elle porte en elle, la page se tourne définitivement.

C'est tout aussi violent que salvateur.

Il arrive que la parole, et donc le dialogue, naisse de la prescription.

La peur de la machine judiciaire réduit immanquablement certaines victimes au silence et les oblige à vivre seules avec l'horreur de ce qu'elles ont subi.

Mais la prescription ouvre parfois le dialogue.

Prenons l'affaire Duhamel. Le livre de Camille Kouchner[1], qui porte les faits à la connaissance du grand public, paraît bien après que s'est abattu le couperet de la prescription, comme si l'on pouvait désormais parler du tabou, disséquer le passé, sans pour autant avoir à en payer les conséquences légales ni supporter d'administrer, par coutelas délégué, la rudesse d'une peine qui n'éteint pas forcément *la* peine, l'autre, celle ressentie.

Or, Camille Kouchner est juriste, elle savait la prescription mais n'a pas voulu écrire son livre avant la mort de sa mère en 2017. Pour autant, l'aurait-elle écrit sans la prescription ?

A contrario, on sait aujourd'hui qu'un pourcentage conséquent des plaintes interviennent alors que la date butoir de la prescription approche.

1. En janvier 2021, Camille Kouchner, fille d'Évelyne Pisier et de Bernard Kouchner, et belle-fille d'Olivier Duhamel, accuse ce dernier d'inceste répété sur son frère jumeau, à la fin des années 1980, alors que le garçon avait entre 13 et 14 ans. Elle relate les faits dans son livre *La Familia grande*, paru en janvier 2021 aux éditions du Seuil. Ces faits sont théoriquement prescrits depuis 2003.

C'est parce que l'échéance avance que les victimes se font violence et osent la plainte, parfois. Pas toujours, mais quand même.

Enfin, se pose la question de la pertinence de vouloir toujours repousser l'échéance de la prescription, cette question plus taboue peut-être encore que la plainte elle-même, car encore une fois, la justice ne peut se passer de preuves.

Depuis la loi dite « Schiappa » du 3 août 2018, la prescription pour viol est de vingt ans[1] ; pour agression sexuelle, elle est de dix ans ; et dans le cadre des viols sur mineurs ou d'inceste, elle bascule à trente ans après la majorité de la victime.

Autrement dit, une jeune femme victime de viol à l'âge de 25 ans pourra porter plainte jusqu'à ses 45 ans, une personne abusée dans l'enfance pourra porter plainte pour viol jusqu'à ses 48 ans. Trop peu pour certains, ces délais soulèvent pourtant plusieurs questions auxquelles je ne m'avancerai pas à donner de réponses définitives.

En octobre 2011, le parquet de Paris reconnaît des faits d'agression sexuelle prescrits et classe sans suite ma plainte pour tentative de viol.

Je veux redire ici que je n'ai jamais contesté cette décision, tout comme je n'ai jamais remis en cause le droit, ni dénoncé de patriarcat légalement institutionnalisé par le biais d'une prescription insuffisante.

Jamais.

Il m'appartenait de porter plainte plus tôt.

1. Article 7 du Code de procédure pénale.

Il faut dénoncer les actes d'abus sexuel et le faire au plus vite.

Il faut le faire, non pas pour se complaire en position victimaire, mais pour s'en extraire le plus rapidement possible.

Je redis la difficulté qu'il y a à accomplir cette démarche et l'importance de ne pas juger celles et ceux qui s'y refusent ; mais je redis aussi que la réponse n'est pas nécessairement dans la possibilité donnée pour l'éternité de porter les affaires devant les tribunaux.

Serait-il pertinent de porter plainte à 70 ans pour un viol subi à 20 ans ? Comment fournir la preuve de ce viol ? Comment proposer à l'instruction autre chose que des souvenirs en héritage d'un acte criminel qui reste, évidemment et même des années plus tard, inacceptable ? Comment même se fier à l'exactitude de ces souvenirs que le temps aura peut-être altérés ? Sauf à imaginer détenir des aveux écrits, une absence totale de dénégations, ou à supposer qu'existent des témoins directs ou des enregistrements vidéo, la preuve sera difficile à apporter.

Imagine-t-on, au nom de la difficulté à déposer plainte à la suite d'un cambriolage (l'attente interminable au commissariat, les mille questions auxquelles il faut savoir répondre, le dédain de certains de ceux chargés de recueillir notre plainte…), imagine-t-on repousser le délai légal de la plainte ? Serait-il pertinent de porter plainte une fois la télévision rachetée, les meubles remis à leur place, la fenêtre changée, les voisins déménagés, le barillet remplacé ? Évidemment que non.

La comparaison, si elle est cavalière, n'en est pas moins juste.

La justice ne saurait se passer de preuves, il ne faut jamais cesser de le redire.

La nécessité de la preuve matérielle est le gage de la protection qu'elle assure à chaque citoyen et une condition inaliénable de la démocratie.

À cela, certaines féministes rétorquent avec une revendication qui sonne la fin de nos fondamentaux républicains : la « présomption de véracité », petite sœur de la « présomption de victime ».

Ma liberté contre la tienne

L'idée d'une présomption de véracité naît en 2011.
Elle naît avec Nafissatou Diallo.
Elle naît avec moi.
Mais elle ne naît pas de nous.

Au départ, elle est une façon malhabile de signifier qu'il n'y a pas d'équivalent à la présomption d'innocence, qui protégerait la plaignante de la calomnie et du procès public en menterie. Aucun effet miroir donc, rien pour lui faire bouclier contre les coups bas. Comme souvent, c'est au moment où, sous l'ère post-#MeToo, certaines voudront qu'un principe moral jadis louable se retrouve dans le dur de la loi, que l'on passera de la bienveillance maladroite des mots au fascisme inconsidéré des idées.

Il faut déjà resituer ce que dit le droit de la présomption d'innocence.

Au fondement de notre justice existe cette idée que toute personne, même suspectée d'avoir commis une infraction, est réputée innocente tant que sa culpabilité n'a pas été légalement démontrée au cours d'un procès où toutes les garanties nécessaires à sa défense lui auront été assurées. Le respect du principe du contradictoire, et celui des droits de la défense, sont des fondamentaux de l'exercice serein de la présomption d'innocence.

Le professeur de droit Hubert Lesaffre écrivait, dans une tribune au *Monde* publiée le 3 juin 2011, que « les droits de la défense en particulier, et les droits de l'homme en général, n'ont jamais eu vocation à protéger les délinquants contre une juste condamnation, mais de faire en sorte que la personne condamnée soit bel et bien celle qui est l'auteur des faits qui lui sont reprochés ».

En d'autres termes, il rappelait ce qui ne devrait jamais être oublié : la présomption d'innocence veut éviter l'erreur judiciaire et non protéger des coupables. Et si les droits de la défense, et les droits humains, veulent éviter l'erreur judiciaire, ils veulent aussi empêcher l'arbitraire. Dans les pays qui contournent les règles de l'État de droit, et la présomption d'innocence en est une fondamentale, les dirigeants utilisent la législation pénale au prétexte de lutter contre le terrorisme, ou de faire respecter les bonnes mœurs, avec le dessein caché de faire taire l'opposition.

À l'heure où certains réseaux féministes voudraient faire croire qu'existerait un législateur ayant à cœur de libérer un nombre croissant de criminels sexuels pour répondre à quelque obscur dessein politique phallocrate, il est peut-être bon de se remémorer ces quelques évidences.

Les affaires de violences sexuelles sont difficiles à juger, en ce que le droit ne peut se passer de preuves. Les difficultés auxquelles est confrontée la plaignante en osant porter son cas devant les tribunaux ne constituent pas des preuves tangibles de la véracité de ses propos.

Or, bien souvent, l'affrontement judiciaire dans ces affaires est un affrontement parole contre parole. Le problème de la preuve n'est pas une attaque faite aux femmes ni la démonstration d'un patriarcat avalisé par ceux qui nous gouvernent, il est une condition *sine qua non* de la préservation de notre liberté en tant que citoyens.

La question n'est pas de savoir, prenant appui sur telle ou telle affaire spécifique, si ce préalable à la protection de tous les citoyens que doit assurer la loi se retrouve parfois être une disposition qui joue contre la morale, la question est de réaliser que l'obligation de la preuve est une disposition qui joue pour la liberté et la sécurité collective.

Il ne faut pas confondre morale et justice, bien que le sens de l'humanité penche inexorablement vers une justice plus morale.

Il est de notre devoir collectif d'admettre les limites de l'exercice.

Simone de Beauvoir revient au fondement des choses et rappelle : « Une liberté qui ne s'emploie qu'à nier la liberté doit être niée[1]. »

C'était vrai s'agissant des lois qui institutionnalisaient l'infériorité de la femme, ça l'est toujours s'agissant de lois qui sacraliseraient la victime au nom de la morale.

1. Simone de Beauvoir, *Pour une morale de l'ambiguïté*, *op. cit.*

S'il n'y a effectivement pas de pendant à la présomption d'innocence, qui conduit à ce que le doute profite à l'accusé, et ce, dans la plupart des pays européens où la charge de la preuve est à celui qui attaque, il ne faut pas oublier que dans nombre de cas, la plaignante de la veille (qui peut aussi être un plaignant) devient l'accusée du lendemain.

C'est important, et il faut le rappeler à celles et ceux qui affirment que la présomption d'innocence est un caillou dans la chaussure d'une justice qui pourrait être plus équitable sans cela. Il faut le dire et répéter que, dans les affaires de crimes sexuels comme dans plein d'autres, l'accusé que la justice innocente, souvent par manque de preuves, finit par porter plainte contre celle qui l'accusait. Et voilà que la présomption d'innocence devient bien utile, pertinemment brandie qu'elle est par celle qui la maudissait auparavant.

On peut regretter que la preuve soit si difficile à apporter dans les affaires de violences sexuelles, je l'ai moi-même déploré. Bien souvent, ces affaires finissent en deux paroles qui s'opposent, des consentements invoqués par les uns et réfutés par les autres, des interprétations qui nous racontent deux histoires différentes pour un même moment.

On peut s'en désoler, mais doit-on pour autant souhaiter qu'une simple parole confiée à la justice suffise à mettre un homme en prison ? Doit-on considérer que toute plaignante est une victime avant même que d'avoir prouvé le crime ? Le vouloir, le demander, c'est mettre fin à notre pacte républicain et à l'égalité de chacun face à la justice.

Cela dit, la vraie question n'est-elle pas de savoir ce que l'on attend de cette justice ? Ce que l'on veut obtenir du droit ?

Car enfin, peut-être est-ce au fondement des choses que se joue l'incompréhension.

On ne peut, dans un État de droit, décider d'une condamnation sans preuve matérielle, évidente et indiscutable.

Évidemment, la nécessité de la preuve permet à bien des criminels d'échapper aux sanctions.

Évidemment.

Pour autant, vouloir contourner cette condition à toute condamnation revient à casser définitivement la protection que l'État de droit garantit à chaque citoyen.

Il faut expliquer qu'une affaire classée sans suite n'est pas une affaire qui n'a pas existé, marteler que la loi seule ne peut pas réparer toutes les victimes et, même, que la loi seule ne saura jamais éviter tous les crimes.

Nombre de féministes ont trouvé dans le droit et la justice un bouc émissaire à toutes les violences, voulant démontrer que tant que le crime existe, c'est que la loi est laxiste ou précaire. Elle l'est… quelquefois. Et quand elle l'est, il convient incontestablement de la changer. Mais ce qui apparaît aux yeux des plaignantes comme une obscène injustice est fréquemment la face cachée de la sauvegarde de nos libertés fondamentales à tous.

Il y eut, et c'est partie de l'histoire des femmes, des lois à faire progresser pour parvenir à l'égalité des genres. Beaucoup nécessitent encore que l'on se batte pour les faire respecter. Des lois qui, souvent, ont été le cadre légal qui institutionnalisait la société patriarcale qui fut la nôtre à tous et qu'il ne s'agissait pas de remettre en cause. Il faut se rappeler qu'avant 1944, et près d'un siècle après que le suffrage universel masculin fut instauré, les femmes n'avaient toujours pas le droit de vote ; il faut se rappeler encore que jusqu'au 13 juillet 1965, les femmes mariées ne pouvaient travailler sans l'autorisation de leur époux, ni même ouvrir un compte en banque en leur nom propre. Si une relative autonomie existait pour les femmes célibataires, les moyens d'émancipation offerts par le droit aux épouses étaient encore très mesurés en ce temps-là. Il faut savoir encore que l'époque n'est pas si lointaine où les femmes pouvaient se marier dès 15 ans, quand c'était 18 pour les garçons, et ce, en dépit de toute égalité de droit. La jeune fille était ainsi une future épouse avant que d'être une femme, une enfant à marier, comme si le salut était impossible sans la protection d'un homme, comme si là résidait le seul avenir respectable d'une femme « comme il faut ». C'est en 2006, en 2006 seulement, sous l'impulsion du Sénat et avec la volonté de lutter contre les mariages forcés, que la décision est actée et que l'article 144 du Code civil devient : « L'homme et la femme ne peuvent contracter mariage avant dix-huit ans révolus », faisant ainsi disparaître la dernière discrimination qui existait encore dans le Code civil napoléonien, en vigueur depuis 1804.

Ainsi, les droits des femmes n'ont eu de cesse d'évoluer et doivent évoluer encore.

Ainsi, le droit est-il finalement toujours allé, de façon inexorable et perpétuelle, sous l'impulsion et la force de féministes convaincues et courageuses, vers l'égalité, au fur et à mesure des ans.

Faut-il redire que depuis 1946 est posé, en préambule de la Constitution, le principe de l'égalité entre les femmes et les hommes, que depuis 1975, la loi Veil autorise l'interruption volontaire de grossesse, qu'en 1983, la France ratifiait la Convention des Nations unies sur l'élimination des discriminations envers les femmes, que la loi qualifiant le viol existe depuis 1980, qu'en 1990, la Cour de cassation reconnaissait le viol entre époux ? Faut-il rappeler tout cela et d'autres décisions encore, pour se rappeler que la lutte a toujours voulu défendre l'égalité et qu'il ne sera jamais acceptable de vouloir mettre fin à un patriarcat historique pour instaurer une dictature victimaire ?

Par « dictature victimaire », j'entends notamment la volonté d'appeler à la création de droits spécifiques pour les plaignants de violences sexuelles (qui sont majoritairement des plaignantes), rompant ainsi l'égalité de tous devant la loi.

Jacques Toubon, qui était alors défenseur des droits, poste auquel François Hollande l'avait nommé à la disparition de Dominique Baudis, posta ce tweet le 25 novembre 2017 : « En cas de harcèlement sexuel, c'est à l'auteur des faits de démontrer devant la justice qu'il n'y a pas eu harcèlement. Le défenseur des droits soutient les victimes et enquête pour les aider à gagner. » C'est très aimable de la part de M. Toubon de prendre le parti de la compassion et de la morale. Néanmoins, on eût attendu de lui qu'il se range du côté du droit et de la loi. Car non, M. Toubon, en France, en cas de harcèlement comme dans tous les autres cas portés devant la loi, c'est à l'accusateur d'apporter la preuve de ses dires, non à l'accusé, et ce même s'il peut advenir, au civil, des exceptions à cette règle fondamentale[1]. Et il est indispensable pour notre démocratie qu'il en reste ainsi ; tweeter qu'il existerait une présomption de victime, l'appeler de vos vœux, ne la rendra pas réelle.

En 2017, alors qu'un ministre est accusé de viol, la députée de la France insoumise Danièle Obono propose de remplacer, pour ces cas là, la présomption

1. Il existe un régime d'aménagement de la preuve en droit du travail. C'est une exception aux règles probatoires de droit civil. L'article L. 1154-1 du Code du travail prévoit que : « Lorsque survient un litige relatif à l'application des articles L. 1152-1 à L. 1152-3 et L. 1153-1 à L. 1153-4, le candidat à un emploi, à un stage ou à une période de formation en entreprise ou le salarié présente des éléments de fait laissant supposer l'existence d'un harcèlement. Au vu de ces éléments, il incombe à la partie défenderesse de prouver que ces agissements ne sont pas constitutifs d'un tel harcèlement et que sa décision est justifiée par des éléments objectifs étrangers à tout harcèlement. Le juge forme sa conviction après avoir ordonné, en cas de besoin, toutes les mesures d'instruction qu'il estime utiles. »

d'innocence par la présomption de véracité[1], arguant que la présomption d'innocence, héritage des Lumières et fondement de notre Constitution, n'est pas adaptée aux affaires de viols et de violences sexuelles.

Est-ce à dire qu'il faudrait qu'au côté du droit commun existe un droit spécifique pour ces femmes, un droit qui ne s'appliquerait qu'à ces plaignantes, d'emblée accueillies comme des victimes, sans que les crimes ou les délits qu'elles dénoncent n'aient à être démontrés ? Il y aurait donc, d'une part un droit courant, conforme aux droits de l'homme et, ne l'oublions pas, conforme au droit européen et aux critères autorisant à siéger à la Cour européenne des droits de l'homme, et d'autre part un droit spécifique, qui inverserait la charge de la preuve dans les affaires mettant en cause des femmes accusant des hommes de viol ou de violences sexuelles.

Une égalité revendiquée, mais l'appel à des droits différenciés.

S'attaquer au droit en le rendant coupable de toutes les inégalités de genre est une erreur qui n'a plus de justification depuis la deuxième vague féministe des années 1960 et 1970.

Comme ces inégalités ne sont plus consacrées légalement, les féministes de la nouvelle ère veulent prouver l'amoralité du droit.

La morale étant toujours du côté de l'opprimé, l'objectif devient alors de montrer l'oppression de la

1. Émission télévisée « Tout est politique » du lundi 12 février 2018 sur France Info.

femme à tous les instants de sa vie en société, tout le temps, et par tous moyens, chaque nouvelle affaire validant le joug étant érigée en étendard féministe, toutes traitées avec la même gravité et, souvent, sans que l'on n'en sache rien.

À cet égard, la place accordée aux affaires qui font intervenir la notion d'« emprise » est stupéfiante.

Extension du domaine de l'emprise

La revendication de certaines féministes d'une reconnaissance par le droit de l'emprise comme élément constitutif du viol, voulant ainsi graver dans la loi la déresponsabilisation totale de la femme dans l'acte sexuel auquel elle consent pourtant, même sous le poids d'une pression invisible, ne fait qu'avaliser l'idée d'une supériorité tactique, charismatique et magnétique d'un sexe sur l'autre.

Pire, elle revient à vouloir que le droit entérine une inégalité qui serait d'essence, ce que nos aînés ont mis tant d'années à combattre.

J'en reviens perpétuellement à Simone de Beauvoir et à ses travaux sur l'existentialisme féministe. « La femme n'est victime d'aucune mystérieuse fatalité : il ne faut pas conclure que ses ovaires la condamnent à vivre éternellement à genoux[1] », écrit-elle, expliquant que rien ne justifie par nature que la femme soit l'inférieure de l'homme.

1. Simone de Beauvoir, *Le Deuxième Sexe*, *op. cit.*

Nous sommes des êtres égaux par nature, c'est l'acceptation par les femmes de leur soumission qui rend celle-ci concrète et exploitée par le sexisme des hommes.

Je ne veux pas nier que l'emprise existe, ce serait absurde.

Mais il convient d'abord de reconnaître que les deux sexes en sont pareillement capables, de s'attarder ensuite à savoir quand elle devient criminelle et quand elle ne saurait l'être.

Enfin, il faut s'interroger sur les moyens d'y faire face et, plutôt que de vouloir sceller le fait dans nos textes, il faut l'affronter d'égal à égal, ensemble.

Ce que je veux poser comme une technique victimaire discutable, c'est l'apparition récente de ce recours à l'emprise dans nombre de cas où l'on veut qualifier de viol ce qui ne l'est pas au regard de la loi, mais qui peut l'être au regard de la morale. Non pas donc des emprises installées dans le temps d'un mariage ou d'une vie maritale, non pas encore dans le cas d'emprises sur mineurs, mais dans des affaires plus complexes où la plaignante s'en réfère à la justice, à laquelle elle demande de qualifier de viol, souvent bien après les faits, ce qui n'avait pas forcément été vécu comme tel au moment des actes.

Cette nuance est importante et, encore une fois, elle exige que l'on ne refuse pas la réalité de l'emprise, mais que l'on s'insurge contre le fait d'y recourir perpétuellement.

Du reste, il n'est absolument pas question de dire que la victime de l'acte n'a pas ressenti la relation comme un viol dans la mesure où elle a rencontré un homme qui, par son aura, sa présence ou son assurance innées, aurait obtenu d'elle des faveurs sexuelles sur le moment d'une première rencontre, sans jamais avoir à la forcer, sans qu'elle n'ait jamais manifesté le signe d'un quelconque refus, se sentant néanmoins comme obligée, tel le lapin figé par les phares d'une voiture. Il n'est même pas question de disserter sur l'amoralité du fait. Il est question de dire que la solution à ces moments n'est pas dans la judiciarisation.

Le droit ne s'y trompe pas, la féministe 2.0, si.

J'entends, je lis et j'observe nombre de femmes raconter comment elles ont rencontré un homme, auquel elles n'ont exprimé aucun refus de l'acte sexuel, auquel elles ont parfois même dit apprécier le moment, un homme qui n'a montré aucune brutalité envers elles, qu'elles ont parfois même salué par l'attitude autant que par le mot ; j'entends ces femmes dire que sans être jamais forcées, elles se sont senties obligées, acculées par le charisme de leur compagnon, prises dans l'enchaînement des circonstances. Sans être vraiment consentantes, mais sans jamais oser le dire, elles se sont senties violées. Je ne discute absolument pas ce sentiment.

Néanmoins, la justice ne peut se dispenser de preuves, et demander aux jugements de cour de condamner un homme pour viol sous emprise sur le seul témoignage d'un ressenti revient à établir une nouvelle dictature dont nous sortirons tous perdants.

S'il est évident, et je l'ai souvent défendu, que l'enfant sous emprise doit être protégé par la loi ; s'il est évident encore, et je l'ai pareillement défendu, qu'il existe une emprise sur l'adulte et qu'elle s'installe dans le temps du couple ou sur une longue durée que la loi ne peut ignorer, car elle se prouve, notre justice ne peut consentir à condamner sans élément factuel.

En voulant judiciariser ces affaires plutôt que d'éduquer, les féministes se trompent une nouvelle fois de montagne à gravir.

C'est en sensibilisant garçons et filles à la question du consentement, et ce, dès l'école, ainsi qu'en réaffirmant encore et toujours l'égalité des genres et en refusant la soumission de la femme dans les jeux de séduction, qui doivent se répartir entre les deux sexes, qu'une révolution comportementale se fera en profondeur. Alors seulement, l'emprise perdra tout pouvoir, comme un Marvel à l'existence réelle duquel on ne croit plus.

La réponse doit être collective.

Vouloir avaliser une infériorité du genre en dénonçant un sexe fort par essence est un cercle vicieux dont personne ne sortira gagnant.

À mon corps défendant

C'est après le scandale de l'affaire DSK que certaines ont voulu démontrer, avec une force décuplée, que nous vivions sous le joug d'une société patriarcale jusque dans les soubassements de notre droit.

Cette volonté ne s'est jamais essoufflée depuis, et chaque nouvelle affaire, aussi gonflée d'hormones victimaires soit-elle, offre l'occasion de remettre l'ouvrage sur le métier.

Dès que les féministes en appellent à la victimisation de mon sexe, je repense à Simone de Beauvoir, et je veux être du camp de celles qui se refusent à la sujétion volontaire, corollaire pervers de la glorification victimaire.

Pour être l'égale de l'homme, il faut déjà ne plus se revendiquer comme son inférieure.

Simone de Beauvoir écrit : « Au moment où les femmes commencent à prendre part à l'élaboration du monde, ce monde est encore un monde qui appartient aux hommes ; ils n'en doutent pas, elles en doutent à peine[1]. »

1. *Ibid.*

Là où l'enjeu devrait être d'affirmer la force et les capacités des femmes, le pari de certaines féministes est de donner à voir en toute femme une victime.

J'ai été, à mon corps défendant, une marche sur laquelle s'appuyer pour poser que la morale devait devenir la seule règle de droit acceptable dans une société qui respecterait les femmes.

Le procédé joue contre l'espèce et, en ne voulant plus d'un droit égalitaire, mais en appelant un droit victimaire et moral à la rescousse, ces féministes-là brisent le pacte républicain qui nous unit tous.

Le droit n'a pas vocation à être moral, le droit a vocation à être le même pour tous.

Or, il existe autant de morales que d'individus.

Ça n'est pas le droit qu'il faut changer, ce sont les comportements de chacun face à ce droit qu'il faut adapter.

La loi française, qui fait notre société, et dont nombre de féministes voudraient faire croire qu'elle valide un genre supérieur, fantasmant qu'elle protégerait mieux l'homme que la femme, est devenue, grâce au travail militant de celles qui nous ont précédés, une loi parfaitement égalitaire entre les sexes.

Elle l'était en 2011, elle l'est toujours aujourd'hui.

Il y a néanmoins un travail pédagogique considérable à accomplir, un énorme chantier à mettre en route pour sensibiliser ceux qui sont chargés de faire appliquer le droit, une culture de l'égalité à diffuser sans relâche, et ce, dès le plus jeune âge, une prise de conscience collective à avoir pour que la société devienne aussi égalitaire que le droit l'établit.

Pour autant, 2011 n'était déjà plus le temps d'un sexisme systémique inscrit dans les textes. Les temps avaient déjà changé depuis ceux de Simone Veil ou de Gisèle Halimi, et l'affaire dite « DSK » a éclaté en France dans une société de droits égaux entre les femmes et les hommes.

Cela peut paraître un détail, mais ça ne l'est pas, et cela doit être perpétuellement rappelé.

C'est une nuance d'importance.

Je n'ai jamais pris le respect de la présomption d'innocence comme la preuve d'un mépris de genre ou de celle que j'étais.

Que le respect de ce droit élémentaire puisse choquer ou blesser les parties plaignantes dans certaines affaires est possible, il en va de la sensibilité de chacun, mais ça ne sera jamais une raison suffisante pour s'y soustraire.

Il n'y a, en 2011, que le mépris que j'ai pris pour ce qu'il était : du mépris.

Et celui-là n'avait pas de sexe spécifique.

Il ne s'agit pas de nier les offensives sexistes dont j'ai pu être la cible, il s'agit de ne pas s'en émouvoir outre mesure et de ne pas y voir l'occasion d'établir des tranchées entre les genres, aucun ne s'étant, à l'époque, franchement détaché du lot.

Si, au moment de porter plainte, et dans les mois qui ont suivi, je me suis sentie de toute part attaquée, je ne me suis jamais sentie l'être par les représentants de la justice, mais par des femmes et des hommes de ce pays, des citoyens qui n'étaient pas circonscrits à un sexe, loin s'en faut.

Et je l'étais non pas en tant que femme, mais en tant que dénonciatrice d'un abus sexuel par un puissant.

Je ne suis pas convaincue que les choses auraient été différentes si j'avais été un homme, et il faut rappeler que bien des hommes ont été des soutiens quand bien des femmes ont été d'une violence inouïe à mon endroit.

Il y eut aussi des femmes merveilleuses, de celles qui ont su poser les bonnes questions sans jamais céder à la binarité des choses. Merveilleuses, elles le sont toujours.

C'est finalement l'affaire dite « du Carlton de Lille[1] » qui achèvera de couler l'homme aux yeux d'un pays dont il aurait aimé prendre la tête… et sans doute les fesses avec ! Bien que l'information judicaire s'ouvre à Lille en mars 2011, c'est en mai 2012, quand le parquet de Lille décide de lancer une enquête préliminaire et que, dans la foulée, la compagne de Dominique Strauss-Kahn décide de quitter l'homme, que la France le quitte avec elle.

1. L'affaire dite « du Carlton de Lille » met en cause les activités de René Kojfer, chargé des relations publiques des hôtels Carlton. L'homme organisait des « parties fines », au cours desquelles plusieurs notables ont profité des services de prostituées. Les faits, révélés en 2011, seront médiatisés en raison de la présence dans ces soirées de Dominique Strauss-Kahn, alors directeur du Fonds monétaire international et mis en cause pour viol dans l'affaire du Sofitel de New York. L'instruction a renvoyé quatorze prévenus devant le tribunal correctionnel, dont René Kojfer et DSK pour proxénétisme aggravé. Seul René Kojfer sera condamné au pénal.

Rappelons ici qu'il obtient la relaxe du tribunal correctionnel de Lille en juin 2015.

Je reste, à ce jour, la seule tache sur le CV de Dominique Strauss-Kahn, avec une décision du parquet de Paris qui en fait, officiellement, un agresseur sexuel sauvé par la prescription. C'est peu, mais c'est déjà ça.

Ça n'est pas, et ne sera jamais, un argument pour remettre en cause la nécessité de prescrire les agressions sexuelles.

Ce dont l'ancienne victime se désole, la citoyenne s'en félicite.

Que ce sauvetage soit amoral peut se discuter, qu'il soit légal et doive le rester est incontestable en démocratie.

Il en était ainsi dans le monde d'avant #MeToo, la règle ne doit pas changer à présent.

La domination victimaire

Le 13 janvier 2021, le Sénat adoptait à l'unanimité le projet de loi Billon, lequel prévoyait de faire évoluer la loi française sur le sujet grave et préoccupant des violences sexuelles sur les jeunes mineurs de moins de 13 ans.

Les violences sur mineurs étaient encore légalement mal définies, la question de savoir si l'on pouvait en appeler au consentement à la sexualité d'un enfant avec un adulte n'ayant jamais été complètement tranchée depuis le dévoiement des idées de Dolto.

Le texte portait une belle idée puisqu'il voulait enfin établir un seuil de non-consentement en-dessous duquel on ne questionnerait plus la possibilité d'un quelconque accord ou d'une possible volonté de l'enfant d'avoir un rapport sexuel avec un adulte.

Autrement dit, le Sénat décidait que l'acte de pénétration sexuelle entre un mineur de moins de 13 ans et un adulte serait *de facto* considéré comme un crime, sans possibilité pour l'adulte de se défendre d'un consentement apparent, revendiqué ou sous-entendu par l'enfant.

C'était bien, mais c'était insuffisant.

Car enfin, depuis les premiers travaux sur le sujet près de trois ans plus tôt et les espoirs caressés par leurs auteurs d'établir des seuils plus élevés, depuis les risques d'inconstitutionnalité qui leur avaient été opposés et le peu de motivation de la classe politique à sauter l'obstacle, les lignes ont bougé.

Ce mercredi de janvier 2021 où le Sénat vote ce projet de loi arrive peu de temps après le séisme Duhamel provoqué par la sortie du livre *La Familia grande*, dans lequel, on l'a vu, Camille Kouchner raconte comment son frère jumeau de 14 ans a subi l'inceste de son célèbre constitutionnaliste de beau-père.

Ce mercredi arrive après la prise de conscience qui s'est ensuivie quand le #MeTooInceste, et ses plus de 30 000 témoignages sur les réseaux sociaux en quelques jours, a ouvert au forceps les yeux d'une société encore aveugle à ces questions.

Ce mercredi arrive bien après l'affaire Matzneff[1], le témoignage littéraire de Christine Angot[2] avant elle, la parole de Catherine Allégret[3] aussi, et tant de voix qui ont fait l'effort d'expliquer ce qu'est la violence sexuelle sur mineur. Trop de voix pour

1. En janvier 2020, Vanessa Springora, directrice des éditions Julliard, raconte dans son livre *Le Consentement*, paru aux éditions Grasset, son histoire avec Gabriel Matzneff et l'emprise qu'il aurait exercée sur elle lorsqu'elle avait 14 ans et lui 50.

2. Christine Angot, *L'Inceste*, Stock, 1999.

3. Catherine Allégret, *Un monde à l'envers*, Fayard, 2004.

que le législateur ne prenne pas la peine de les écouter.

De nouveau, c'est la question du consentement qui se pose, mais on ne saurait appréhender un enfant comme un adulte.

Un seuil à 13 ans n'était pas acceptable, il fallait aligner cet âge sur l'interdit fixé par la loi à 15 ans. Il était également indispensable de prévoir un régime spécifique en cas de rapports incestueux, l'emprise d'un parent sur son enfant imposant incontestablement un aménagement particulier jusqu'à 18 ans.

Avec le #MeTooInceste et ce combat pour un changement salutaire de la loi, c'est un peu du #MeToo et de la libération de la parole des femmes qui se rejouait.

Alors il y eut ces photos de nous tous à 13 ans, nous tous sur les réseaux, nous répandant avec la vitesse que seul ce monde parallèle sait fabriquer.

Ces photos sont vite devenues impossibles à endiguer, et c'est pour rappeler ce qu'est un enfant et comme il n'est pas imaginable de considérer ses réactions face à la volonté sexuelle d'un adulte de la même façon que l'on reçoit celles d'une femme ou d'un homme majeur, que nous avons voulu cette viralité.

Nous avions un message à porter, il s'est incrusté dans la vie de chacun.

Alors, ensuite, il y eut la révolte collective.

Alors, encore, il y eut le Collectif pour l'enfance qui me contacta, puis, ensemble, la recherche d'un acte fort pour faire bouger les lignes, les faire bouger vraiment, aller plus loin que l'émotion d'un moment.

Alors il y eut cette tribune que j'écrivis au nom du Collectif et que 163 personnalités signèrent à mes côtés[1].

Alors il y eut cette tribune en couverture d'un magazine d'actualité et puis alors seulement, il y eut les discussions constructives avec le garde des Sceaux, Éric Dupond-Moretti, puis avec Alexandra Louis, rapporteur du projet et auteur du rapport établi au nom de la Commission des lois constitutionnelles de l'Assemblée nationale sur cette fameuse proposition de loi adoptée peu avant par le Sénat, et qui faisait de nous tous des révoltés.

Alors il y eut les sénateurs qui jouèrent le jeu de la concorde, et alors enfin il y eut l'alignement des planètes qui rendit possible ce qui apparaissait improbable quelques années, quelques mois plus tôt.

Le texte, qui fait de la France l'un des pays les plus protecteurs en matière de violences sexuelles sur mineur, fut finalement promulgué par le président de la République le 21 avril 2021.

Il est le fruit de l'ouverture d'esprit, de l'intelligence et des efforts communs d'hommes et de femmes soucieux de faire progresser les choses.

Mission accomplie.

Voilà la belle histoire.

Ont suivi l'apaisement, la fierté, la presse étrangère qui salua l'avancée.

Au milieu du gris du temps politique qui n'a que peu d'éclaircies à proposer, c'était, pour une fois,

1. Voir « L'appel des 164 personnalités » en annexe.

l'occasion de se satisfaire de nos élus, de nos dirigeants et de l'Histoire qui trouvait à s'amender d'un passé trop permissif.

Et pourtant...

Et pourtant, combattre pour cette loi fut le moyen de découvrir qu'aux côtés de ceux qui avaient œuvré pour que la parole des femmes se libère, puis que celle des enfants soit entendue, il existait une frange radicale de combattants, qui prenait de l'épaisseur chaque jour et rêvait en secret de venger des années de souffrance par l'établissement d'un nouveau fascisme : la dictature victimaire.

Dans ce combat pour une loi plus juste et plus protectrice envers les jeunes mineurs victimes de violences sexuelles, les mêmes qui réclament une présomption de véracité pour les plaignantes dans les affaires de crimes sexuels sur adultes réclamaient que soit supprimée la clause de l'écart d'âge[1], arguant qu'il devrait appartenir à l'accusé de prouver que la relation avec un mineur, de cinq ans ou moins son cadet, est consentie, et non au plaignant de démontrer qu'elle ne l'est pas.

1. Le principe général de la nouvelle loi est de considérer comme viol, donc criminel, toute pénétration ou acte bucco-génital commis par un majeur sur un jeune de moins de 15 ans, « même si ces actes ne lui ont pas été imposés par la violence ». Cette automaticité ne s'applique néanmoins pas lorsque les deux protagonistes ont moins de cinq ans d'écart d'âge, et ce, afin de respecter la présomption d'innocence et donc la conformité de la loi à la Constitution. Cette clause n'est pas applicable aux cas où le mineur de moins de 15 ans se prostitue.

Impossible de discuter avec ces rêveuses d'une tyrannie inversée. Toute tentative d'expliquer que si les lois doivent mieux protéger les victimes et mettre fin à des années de cécité sélective concernant les agressions sexuelles, elles ne sauraient pour autant installer les conditions d'un fascisme en lieu et place d'un laxisme mortifère, se solde par un cri du cœur teinté d'aigreur et de rancune : « On a souffert pendant des années, c'est à eux, maintenant ! »

Penser ça est aussi navrant que de vouloir troquer la lutte contre le racisme pour un racialisme constant et aliénant, aussi triste que si les anciens esclaves avaient mis des chaînes aux pieds de ceux qui abolissaient avec eux l'esclavage définitivement en 1848[1], aussi affligeant, enfin, que si les Juifs voulaient exterminer, un à un, chaque Allemand d'aujourd'hui.

Comme il est paradoxal de se dire qu'au terme d'années de lutte contre les inégalités sexuelles, et tandis que bien des choses restent encore à faire, certaines voudraient, plutôt que de viser l'équilibre, inverser le sens du déséquilibre, comme si la balance ne devait jamais indiquer la mesure.

À celles et ceux qui m'ont fait le procès de me satisfaire de cette clause au nom des libertés individuelles, à celles et ceux qui m'ont dit qu'il fallait penser à retirer la présomption d'innocence de notre

1. Le décret de l'abolition de l'esclavage en France est signé le 27 avril 1848 par le gouvernement provisoire de la IIe République sous l'impulsion de Victor Schœlcher. L'émancipation des esclaves suivra immédiatement.

Constitution, à celles et ceux qui m'ont affirmé que la possibilité d'une erreur judiciaire ne devait pas freiner la volonté de punir toujours plus de criminels laissés en liberté... à ceux-là j'ai répondu, et je réponds encore par cette phrase de Voltaire, sans doute le premier auteur des Lumières à s'engager sur les questions de droit et à intellectualiser les grands principes qui ne doivent jamais cesser de régir notre société, Voltaire écrit dans *Zadig* : « Il vaut mieux hasarder de sauver un coupable que de condamner un innocent[1]. »

Plus le combat pour que des changements salutaires adviennent dans cette loi prenait de la force et de l'ampleur, plus je voyais que ce qui se jouait pour certaines était une moralisation de la loi au nom du respect dû aux victimes. C'est une erreur, je pense, que de vouloir moraliser toujours plus la loi. Morale et justice n'ont rien à voir ensemble, pire, rien n'est plus injuste que la justice, dit l'adage, et il est important que les choses demeurent ainsi, car il est autant de morales que d'esprits, de religions, de principes éducatifs. Or, la loi a ceci d'universel qu'elle s'applique pareillement à chaque justiciable. En cela, elle doit se tenir éloignée de toute volonté de jugement moral.

Mais c'est dès l'écriture de cette tribune, qui voulait plus de protection pour les enfants de France, que le féminisme dictatorial m'a rattrapée.

1. Voltaire, *Zadig ou la Destinée* (1748), Gallimard, 2015.

Faire de l'écriture une victime

J'ai proposé un texte que certaines ont refusé de signer car je n'acceptais pas d'utiliser, pour sa rédaction, l'écriture au point médian, dite plus « inclusive ». Au nom de l'inclusion, on s'excluait, donc. Cette façon d'insérer un point que l'on voudrait d'honneur, au sein même des mots, pour pallier un sentiment d'exclusion, sans doute réel, mais dont les règles de grammaire ne sauraient être tenues pour responsables ou consolantes, n'a jamais trouvé à me convaincre.

Gageons que, pour ne pas se sentir inclus dans un texte signé « Nous anciens enfants, nous parents, nous frères, nous sœurs, nous famille, nous amis, nous Français, nous associations, nous soignants, nous juristes, nous votants, nous... citoyens ! », il fallait vraiment être en proie à un mal-être profond dont personne ne saura jamais, d'un simple coup de point dans la phrase, soigner les causes ni les manifestations en lieu et place de plusieurs années d'analyse.

Attention, il ne s'agit pas de minimiser la souffrance véritable de ceux qui, parce qu'en période de mutation sexuelle, parce que victimes de sexisme au quotidien ou pour mille autres raisons, se sentent violentés au moindre coup de vent. Absolument pas. Il s'agit d'expliquer que ça n'est pas en interdisant le vent que l'on permettra à ceux-là de tenir fièrement debout. Le vent a d'objectives raisons d'être, comme de chasser parfois les nuages, entre autres exemples. Pour filer la métaphore jusqu'au bout, on pourrait dire que nos règles grammaticales sont un ensemble de conventions qui participent à éloigner les cumulus de l'obscurantisme. Céder au changement de ces règles pour faire croire à un changement profond (qui serait, lui, si souvent souhaitable) par le biais d'un changement cosmétique est malhonnête et ne dupe que ceux qui acceptent d'être floués avec le sourire.

Jean-François Revel, philosophe, écrivain, journaliste et membre de l'Académie française, écrivait dans *Fin du siècle des ombres* que les politiques avaient trouvé, avec la féminisation des mots, « le sésame démagogique de cette opération magique : faire avancer le féminin faute d'avoir fait avancer les femmes[1] ». Rien n'est plus vrai, de la même façon que rien n'est plus faux que de décider de sexualiser les mots selon qu'ils sont féminins ou masculins. Les mots n'ont pas de sexe. Il faut être bien inculte pour ne pas comprendre que la langue française n'ayant pas de genre neutre, comme l'allemand par exemple, certains mots parfaitement neutres sont

1. Jean-François Revel, *Fin du siècle des ombres*, Fayard, 1999.

grammaticalement féminins ou masculins. Jean-François Revel ajoute : « Leur genre n'a rien à voir avec le sexe de la personne qu'ils concernent, laquelle peut être un homme. Homme, d'ailleurs, s'emploie tantôt en valeur neutre, quand il signifie l'espèce humaine, tantôt en valeur masculine quand il désigne le mâle. Confondre les deux relève d'une incompétence qui condamne à l'embrouillamini sur la féminisation du vocabulaire. » Ne parle-t-on pas, sans se soucier qu'il soit une femme ou bien un homme, d'un esprit clairvoyant ? Une personne peut être de sexe féminin ou masculin, le mot n'a pas vocation à être sexualisé, son genre n'est que convention. Ainsi donc, un homme peut être une plaie, une femme un cadeau et les deux des vedettes.

Quand, en 2018, un an après que le mouvement #MeToo a éclaté, le Haut Conseil à l'égalité entre les femmes et les hommes se prononce pour l'usage de l'expression « droits humains » en lieu et place de « droits de l'homme et du citoyen[1] », arguant que les autres pays font de même et qu'historiquement, parler des Hommes, fût-ce avec une majuscule, ne fait pas référence à l'ensemble des êtres humains, mais à sa seule moitié masculine, il accrédite implicitement que l'absence de genre neutre dans la langue française, et son pendant qui est le choix du genre masculin pour s'y substituer parfois, ne serait qu'une

1. Avis du Haut Conseil à l'égalité entre les femmes et les hommes publié le 10 décembre 2018, à l'occasion de la célébration des 70 ans de la Déclaration universelle des droits de l'homme.

réécriture de l'Histoire visant à graver dans le marbre un patriarcat organisé.

Voilà bien des féministes professionnelles satisfaites.

Quand Jean-François Revel écrivait sur la féminisation des mots en 1999, il ne s'agissait encore que d'imaginer un pendant féminin à certains mots, lesquels désignaient souvent des métiers ou des titres. Mais la pensée vaut pour ces points qui n'en finissent pas de hacher menu une langue qui n'avait pas besoin de l'être. Des points qui, par leur simple présence, mettent souvent bien des dyslexiques en marge des textes, prouvant une fois encore que ces volontés faussement inclusives n'en sont pas à une contradiction près.

Jean-François Revel analysait cette bataille insensée avec une clairvoyance qui reste d'une actualité désolante.

Le jeudi 7 mai 2021, Jean-Michel Blanquer, ministre de l'Éducation nationale, diffuse une circulaire visant à bannir des écoles l'écriture dite « inclusive », « qui utilise notamment le point médian pour faire apparaître simultanément les formes féminines et masculines d'un mot employé au masculin lorsque celui-ci est utilisé dans un sens générique ». La décision paraît au Bulletin officiel et fait suite à son intention clairement énoncée quelques jours plus tôt au *Journal du dimanche*.

L'annonce ne vise qu'à prendre position sur la question, car l'écriture au point médian n'est pas enseignée dans les établissements scolaires. En cela, elle n'a pas à y être bannie. Pour autant, la parole claire sur ce sujet provoque sur les réseaux la hargne de nombre d'indignées qui voient dans cette mise au ban du point médian une mise à l'index de l'égalité femme-homme dès l'enseignement. Absurde insurrection numérique ! D'abord parce que l'égalité ne se joue pas là, je n'aurais de cesse de le répéter, elle doit advenir dans les comportements, dans les réalités quotidiennes, et elle est déjà sacralisée par le droit. Il eût été plus juste de militer pour des cours de respect dès le primaire ou un apprentissage du vivre-ensemble tout au long du parcours scolaire que de s'énerver sur le point d'orgue d'une révolution cosmétique. Ensuite, parce que cette crise de nerfs sur un point de trop a « invisibilisé », pour employer un terme à la mode, une question bien plus importante et oubliée du ministre, l'égalité professionnelle au sein des académies qui permet encore qu'à carrière égale, les hommes vivent des ascensions professionnelles et salariales nettement supérieures à celles de leurs consœurs, lequel constat est parfaitement... illégal !

À chaque fois que l'on sort les armes pour un mauvais combat, c'est une guerre légitime qui en pâtit.

Par ailleurs, si le point médian doit un jour s'imposer à la face des mots, ça ne sera jamais au politique d'en décider. Une directive du ministre de l'Éducation nationale qui aurait exigé que l'écriture au point médian soit enseignée dès le plus jeune âge aurait été tout à la fois inquiétante et dommageable.

Inquiétante, car elle aurait rompu avec une tradition de la langue déjà largement mise à mal par la féminisation politique des mots, trop souvent venue d'en haut. Or, l'expérience de la langue veut que ce soit le temps et l'usage qui fassent les règles du langage, seules la lenteur des ans et la volonté de l'habitude ont ce droit de façonner les mots. Rien ne serait plus néfaste que, tel des tyrans de la lettre, nos gouvernants s'arrogent le droit de structurer l'écrit à leur guise, et ce, dès le plus jeune âge.

Jean-François Revel écrit encore : « J'ai entendu objecter : "Vaugelas, au XVIIe siècle, n'a-t-il pas édicté des normes dans ses remarques sur la langue française ?" Certes. Mais Vaugelas n'était pas ministre. Ce n'était qu'un auteur, dont chacun était libre de suivre ou non les avis. Il n'avait pas les moyens d'imposer ses lubies aux enfants. Il n'était pas Richelieu, lequel n'a jamais tranché personnellement de questions de langues. » Point, à la ligne.

Féminicide, un crime presque imparfait

De la même façon, je veux interroger, sans pour autant vouloir apporter de réponse définitive, le terme devenu fourre-tout de « féminicide ».

Il est désormais employé pour parler des homicides commis sur des femmes, quelle que soit la nature de ces crimes. Or, il est important de redire ici que tout comme le mot « Homme » quand il est employé pour dire l'humanité, le mot « homicide » n'est en rien un mot qui concerne les seuls humains de sexe masculin.

C'est un mot neutre, qui concerne l'humanité tout entière.

À l'origine, le terme « féminicide » définit un type bien particulier de meurtres qui sont ceux commis par des hommes sur des femmes en raison de leur genre et uniquement de leur genre, comme un climax abject de la misogynie. On pense bien évidemment à certains pays où la femme est prise pour point de mire sans autre raison que son sexe, à certains conflits armés qui voient advenir des meurtres ciblés, aux avortements forcés de fœtus féminins et autres horreurs spécifiquement orientées vers les femmes.

Terme encore non reconnu par l'Académie française, et absent de bon nombre de dictionnaires, il existe néanmoins depuis 2015 dans Le Robert, ouvrage qui explique très clairement : « Meurtre d'une femme, d'une fille en raison de son sexe. »

Ainsi, il est des féminicides comme il est des parricides ou des infanticides.

Il est aujourd'hui pourtant d'usage féministe de dénombrer annuellement les « féminicides » et d'y inclure tous les crimes dès lors qu'une femme en est la victime.

Pourtant, les féminicides dont on parle désignent le plus souvent des homicides par conjoint dont une femme est effectivement la victime, pour une raison qui n'est toutefois pas son genre, mais sa relation à celui qui devient son meurtrier. Simple querelle de sémantique ? Pas tant que ça. Le chiffre des violences conjugales est toujours trop élevé et inacceptable, et il faut vouloir lutter contre, comme est d'ailleurs intolérable le chiffre des crimes en général. Il convient de ne pas s'y habituer, cela va sans dire. Tuer, que ça soit un homme ou une femme, est une violence définitive contre laquelle il faudra toujours vouloir résister. C'est une lapalissade que de le dire, mais s'en exonérer rend coupable.

Toutefois, si le sens premier du mot « féminicide » permettait d'étudier un phénomène spécifique et donc, peut-être, de tenter d'y trouver des remèdes, d'établir des cartographies, de pointer des lois et des coutumes sexistes ; se servir du terme pour désigner les meurtres par conjoint exclut les femmes de la solution à y trouver.

En parlant des « féminicides » comme pour prouver un sexisme mortifère qui ne serait volontairement pas freiné par l'État, on invisibilise de nombreuses autres réalités.

En croyant nommer le mal, on le gomme, on l'efface.

Voir des féminicides partout, c'est ne plus les voir là où ils sont vraiment.

C'est une forme étrange du déni que de refuser de saisir une réalité que l'on prétend dénoncer.

Voir ces meurtres derrière le seul écran du genre pour en faire une arme de revendication victimaire ne peut qu'être profondément réducteur.

Ainsi donc, plus d'origine sociale au crime, plus de raisons culturelles.

Rien.

Seulement des genres.

Seulement des meurtres considérés et comptabilisés à travers le prisme sexuel, sans autre acception culturelle ou sociale.

Mettre tous les crimes touchant des femmes sur le même plan, ça n'est pas pointer l'horreur, c'est l'alimenter.

Sans doute peut-on avancer que c'est un peu se retirer de l'humanité et de son incroyable complexité que de vouloir s'extraire de l'ensemble pour se distinguer par l'angle exclusif du genre jusqu'à trépas, comme si la mort d'une femme n'était pas égale à celle d'un homme, en gravité, en scandale, en tristesse et en complexité, en responsabilité collective, aussi.

Alors, bien sûr, dire cela ne va pas dans le sens d'une phallocratie dirigeante à faire tomber par les armes d'une propagande simpliste.

Cependant, nombre de féministes brandissent ces chiffres, appelant à des modifications législatives spécifiques, comme si ce nombre faisait la preuve de lois impropres à protéger convenablement les femmes victimes des violences masculines. Ce faisant, elles excluent la collectivité, femmes et hommes, de la solution. Car enfin, chaque nouveau cas renforce l'évidence : le silence de l'entourage, ces voisins qui s'habituent à leur voisine aux lunettes de soleil hiver comme été, l'excuse avalée du douzième bleu pour une commode mal placée, ces cris que l'on n'entend plus parce que l'on ne veut pas s'en mêler, cet homme devant lequel on baisse la tête dans l'escalier par peur d'affronter son regard, cette collègue qui se prend si souvent la poignée de la porte dans l'œil, et tous ces moments où l'on ne dit rien, où l'on se rassure en se répétant qu'appeler la police serait intrusif, où l'on ne veut pas s'en mêler, où l'on décide que cela ne nous regarde pas.

Chaque victime de violences conjugales, morte ou vive, a croisé des regards qui sont autant de complices.

Nos silences sont coupables.

Il est impropre de se décharger de toute responsabilité en réduisant ces violences à des attaques de genre contre lesquelles seul l'État doit agir, comme un État de droit se doit de mettre fin à la légalisation de l'excision sur ses terres.

Défendre qu'il existe un laxisme particulier concernant la réception des plaintes pour violences conjugales visant des femmes, lesquelles finissent trop souvent par un crime, est faux. Nier qu'il existe de nombreuses erreurs dans la mise en œuvre des dispositions légales, et autant de dysfonctionnements et de manquements, est tout aussi faux.

Mais cet attentisme criminel ne concerne pas les simples plaintes provenant de femmes comme un fait exprès, il n'est pas non plus le résultat de lois inaptes à protéger les femmes, il est le résultat de sous-effectifs, d'une communication fragile entre les services, de méthodologies trop précaires ou inexistantes, de formations parfois approximatives et de moyens très largement insuffisants dont les conséquences touchent indifféremment les femmes et les hommes, les meurtres comme les cambriolages, la lutte contre la drogue comme celle contre le harcèlement.

Ça n'est pas le sexe du plaignant qui aboutit à son mauvais traitement, c'est le manque d'effectifs et de moyens.

La loi ne peut pas tout, et c'est sans doute ailleurs qu'il faut chercher les progrès à réaliser et les solutions à imaginer.

Dans son livre *Non-assistance à femmes en danger*[1], l'ancien magistrat et procureur de la République Luc

1. Luc Frémiot, *Non-assistance à femmes en danger*, Éditions de l'Observatoire, 2021.

Frémiot pose les bases d'une méthodologie concrète pour se servir plus efficacement des outils juridiques mis à disposition par notre droit français. Dans sa circonscription de Douai, son fief expérimental, il a fait passer le taux de récidive des violences sur conjoint de 30 % à 6 %. En appeler à la généralisation de ses méthodes à l'ensemble du territoire serait peut-être une revendication plus pertinente que de faire le décompte de ces femmes injustement tuées, en y accolant un terme impropre qui sert un marketing victimaire dont seules les féministes de profession bénéficient véritablement.

Ne voir que le sexe, chiffrer le malheur par colonnes de genres pour en appeler toujours à la loi et lui demander de graver dans le marbre du droit le statut victimaire de la femme, faisant d'elle un sous-Homme à barder telle une espèce protégée d'animal en voie de disparition ou un papillon rare, ne va pas dans le sens de l'égalité qu'il faut revendiquer.

Ce que je veux dire n'est pas qu'il faut abandonner la lutte contre les crimes et les violences faites aux femmes, ni abandonner la formation de ceux chargés de recueillir leur parole, bien au contraire ; lire Luc Frémiot est à cet égard comme lire une bible. Ce que je veux dire, c'est qu'il faut se détacher absolument de la caricature des sexes pour s'attaquer à toutes les causes de ces décès, notre incurie collective comprise, la non-émancipation de la femme aussi, sans nous limiter à des revendications de genre qui passent sous silence les vraies solutions à imposer.

Il faut ajouter que, bien souvent, le défaut de sécurité ne réside pas dans l'absence de loi spécifique, mais dans l'incapacité d'appliquer le droit commun faute de personnel et de moyens sur le terrain. Plutôt que de perpétuellement dénoncer un État qui serait misogyne et patriarcal de toute éternité, appelant nos aînés à la rescousse, peut-être le combat gagnerait-il à réclamer plus de leviers pour que le droit gagne en efficacité. Ajouter de la défiance envers les institutions ne fait, au contraire, qu'alimenter une machine perverse qui détourne nombre de candidats des postes dont la police judiciaire a besoin sur le terrain. Prise pour cible, accusée de racisme, de sexisme, de brutalité et de violence (ce qui existe, comme la bêtise existe, mais ne saurait représenter une majorité de ceux qui constituent nos forces de l'ordre), devenue représentante de la domination organisée pour certains, la Police nationale n'attire plus, et les recrutements peinent. Or, ces femmes et ces hommes sont les premiers maillons d'une chaîne qui vise à faire respecter des lois mieux élaborées que ce qu'elles sont dénoncées.

Analyser les homicides à la seule aune du genre, les segmenter selon qu'ils concernent les femmes ou les hommes, ne fait que mettre du gros sel sur une plaie ouverte, creuser une fracture entre les sexes quand la volonté du féminisme devrait être de la refermer complètement.

Pourquoi vouloir à ce point s'extraire du groupe humain pour se positionner, en tant que femme, comme une frange victime par essence de la violence des hommes ?

Comment ne pas entendre que dans les homicides par conjoint, ça n'est souvent pas la femme en tant que sous-genre qui est prise pour cible, mais l'épouse ou la conjointe, et ce, dans un contexte géographique, culturel et social défini ?

L'épouse ou la conjointe peut d'ailleurs être, parfois, un époux ou un conjoint.

Alors, évidemment, il ne s'agit pas de nier que l'homme est plus fort, physiquement et par nature, que la femme. Il ne s'agit pas de gommer qu'il est aussi fréquemment plus violent, et que sa violence est de fait plus dangereuse que celle d'une femme quand le combat les oppose. Il ne s'agit pas non plus de fermer les yeux sur la dépendance financière et la difficulté pour les femmes de sortir d'une spirale mortifère.

Au contraire.

Il s'agit d'éduquer la société. Il s'agit de pousser la femme à son émancipation.

Il ne s'agit pas de la rendre coupable de son sort, il s'agit de la rendre actrice de la solution, et de prendre, tous, notre part de responsabilité.

Simone de Beauvoir écrit : « C'est par le travail que la femme a en grande partie franchi la distance qui la séparait du mâle ; c'est le travail qui peut seul lui garantir une liberté concrète[1]. »

Puis elle ajoute : « La malédiction qui pèse sur la femme vassale, c'est qu'il ne lui est permis de

1. Simone de Beauvoir, *Le Deuxième Sexe*, *op. cit.*

rien faire : alors elle s'entête dans l'impossible poursuite de l'être à travers le narcissisme, l'amour, la religion ; productrice, active, elle reconquiert sa transcendance ; dans ses projets elle s'affirme concrètement comme sujet ; par son rapport avec le but qu'elle poursuit, avec l'argent et les droits qu'elle s'approprie, elle éprouve sa responsabilité[1]. »

Entretenir l'idée qu'il existerait un déterminisme faisant de la femme une victime de l'homme, et que l'État seul peut limiter les conséquences de cette essentialisation, ne règle pas le fond du problème, il le cautionne.

Ce que disent les féministes, c'est que si des femmes meurent sous les coups de leur compagnon et que l'État ne parvient pas à endiguer ces coups, alors l'État est responsable de ces coups et de ces mortes.

C'est faux, si l'État a sa part de responsabilité, nous sommes tous responsables avec lui.

1. *Ibid.*

La tyrannie de la majorité

Écrire une tribune pour un collectif est un exercice étrange.

Pour des raisons d'indépendance d'esprit et de pensée, je n'ai jamais voulu adhérer à une association, à un parti, ou à toute autre organisation qui me rendrait comptable de paroles et de propos qui ne seraient pas les miens, qui ferait de moi la dépositaire d'une pensée issue de ce qui se joue entre les oreilles d'un autre que moi.

J'ai aussi, et pour les mêmes raisons, toujours fait en sorte que mes propos n'engagent que ma seule personne et ne relèvent que de ma seule responsabilité.

Ainsi, mes mots, mes emportements et mes déceptions, mes avis et mes énervements, sont des moments toujours et pleinement assumés.

Mais voilà qu'écrire une tribune me lie au groupe, voilà qu'entre nous se tisse un lien qui ne prend la forme d'aucune entité juridique, mais qui me fait membre d'un tout, pire… représentante de ce tout.

Le 21 janvier 2021, alors que la tribune est écrite, que les signataires y ont accolé leurs noms et leurs voix, et que nous attendons sa publication en couverture d'un magazine d'actualités, Coline Berry dépose une plainte contre son père, Richard Berry, et l'ancienne épouse de celui-ci, Jeane Manson, pour inceste et viol par ascendant. Certains des membres médiatiques des associations de protection de l'enfance, qui sont aussi des féministes militants, s'identifient à la victime présumée, prennent sa défense corps et âme sur les réseaux et dans la presse, et lynchent le comédien. Tout est ressorti, les secrets de famille, les photos écornées, on compulse les mémoires du Net, on dissèque chaque parole livrée par l'homme à la presse tout au long de sa carrière.

Soixante-sept millions de juges d'instruction.

La tête me tourne, je revis un film déjà vécu douloureusement.

La cible a changé, voilà tout.

Je me revois accusée de tous les maux, je revois ceux qui parlaient sans savoir, je les entends me dire alcoolique, droguée, putain, déséquilibrée.

L'acharnement est toujours là, c'est la focale qui s'est déplacée.

J'ose auprès de l'une des militantes : « Tu savais cette affaire, tu sembles si certaine, si sûre de toi, si sûre de tout ? » Me voilà traître. Comment moi, la victime, puis-je parler ainsi ? Je corrige : ancienne victime, c'est important, je ne suis plus ça, on ne doit jamais l'être toute sa vie.

Je m'explique.

Je ne vois pas Coline Berry comme une menteuse, je refuserais qu'on la lynche, ça serait pareillement odieux, pareillement inacceptable. J'aime constater qu'on ne détruit plus les victimes, que mon temps est passé, qu'on les écoute, qu'on en prend soin.

Ce que je dis, c'est que je ne sais rien, que respecter l'une n'exige pas d'engager aveuglément une chasse à l'homme.

Je sais que je ne sais rien, je rappelle qu'on ne sait rien.

Rien du tout.

Ça n'est finalement pas chose si différente que d'en vouloir à des sachants qui font silence, que d'en vouloir à des ignorants qui parlent trop, qui parlent fort, auxquels les internautes offrent une caisse de résonance infinie, quitte à détruire impunément des vies entières, protégés qu'ils sont dans leur conscience d'être dans le bon camp, celui du bien, celui de la victime.

Personne n'est jamais obligé, pour bien traiter l'une, de maltraiter l'autre tant que sa culpabilité n'est pas prouvée.

Talleyrand aurait dit : « Ceux qui savent ne parlent pas, ceux qui parlent ne savent pas. » À l'heure des réseaux, cette vérité a des conséquences humaines désastreuses que certaines féministes laissent choir dans le bol des œufs cassés au bénéfice de l'omelette victimaire, prétextant que l'heure est venue pour les hommes de payer des années d'injuste domination.

Je refuse d'accueillir mon fils dans ce monde comme on accueille le responsable d'une lignée de mâles faisant l'oppression de la femme, et qui l'auraient précédé dans l'histoire de son sexe.

Je pense à la loi que l'on veut changer, à la nécessité de chasser l'émotion du combat, de ne pas polluer le message, de ne pas s'encombrer d'un rôle qui n'est pas le nôtre, qui ne doit jamais le devenir.

Nous ne sommes pas des juges.

À mettre trop d'émoi dans nos revendications, elles en perdront toute sagesse.

Le législateur n'est pas si fou, il fait la part du moment et du « tout le temps ». Les lois sont des machines de guerre qu'il faut concevoir avec beaucoup de soin pour qu'elles ne finissent pas, un jour, par détruire ceux qu'elles doivent défendre.

Si les lois sont imparfaites, et beaucoup le sont encore, c'est à les corriger, à les amender, à former et à multiplier ceux qui ont la charge de les faire appliquer, qu'il faut travailler.

On me demande de me taire, on m'accuse de trahir, on m'objecte que mon statut m'interdit de ne pas choisir le bon camp.

On m'indique le bon camp, on m'impose le bon camp.

Mais il n'y a pas de camp qui me paraisse souhaitable autre que celui de la raison. Il était insupportable de lyncher les victimes qui ont eu ce courage extraordinaire de parler, de dénoncer, de mettre les mots, de donner de la voix. Il fallait que l'écoute se libère, il fallait briser l'omerta. Sans contredit. Mais inverser le sens des tyrannies est aberrant, retourner le bras armé de la folie des meutes contre l'homme qui n'est pas encore coupable n'est pas la solution. Ne peut-on respecter l'instruction ? S'en remettre à la justice des tribunaux plutôt qu'à celle des réseaux ? Accepter de dire : « J'entends celle qui accuse, je respecte sa voix, je l'écoute, je ne l'accuse de rien, je laisse la justice avancer, je ne suis pas la justice, je ne suis qu'une voix qui ne sait pas. »

La nuance.

Mais me voilà sommée de m'exprimer, nous voilà tous obligés d'être d'un côté, d'être *du* côté. Le bon choix est punaisé, la route balisée, le présumé coupable fusillé, on parle de lui avec de la rage dans la voix, notre haine de l'injustice a trouvé son homme, on récite son forfait appris par cœur, on fantasme un moment qu'aucun de nous n'a vécu, on nous donne à tous les arguments d'une plaidoirie qui doit aboutir à un jugement en ligne, le juge suprême est Internet.

Face à la condamnation populaire, la présomption d'innocence ne vaut plus rien.

Pire, face au jugement final, c'est le verdict populaire qui fait foi.

Comment la justice peut-elle espérer fonctionner convenablement quand le premier round se passe publiquement sur Twitter ? Dans une salle de tribunal, quand le public manifeste trop d'emportement pour l'accusation ou pour l'accusé, quand les réactions sont excessives et risquent de fausser l'avis indépendant du juge ou du jury d'assises, le juge peut décider l'évacuation de la salle afin de préserver la sérénité des débats.

Comment garantir cette indépendance d'esprit quand le tribunal populaire a déjà rendu son verdict, menaçant parfois de mort les représentants de la justice, et ce, alors que le temps judiciaire n'est pas entamé ou que les procès judiciaires s'ouvrent tout juste ?

Dénonçant « la tyrannie de la majorité[1] », Tocqueville décrit parfaitement cette loi à côté de la loi. Comme si la justice devenait incapable de protéger du quotidien, du lynchage collectif. Avec les réseaux, cette incapacité se trouve encore renforcée. Tocqueville écrit : « Le maître n'y dit plus : Vous penserez comme moi, ou vous mourrez ; il dit : Vous êtes libre de ne point penser ainsi que moi ; votre vie, vos biens, tout vous reste ; mais de ce jour vous êtes un étranger parmi nous. Vous garderez vos privilèges à la cité, mais ils vous deviendront inutiles ; car si vous briguez le choix de vos concitoyens, ils ne vous l'accorderont point, et si vous ne demandez que leur estime, ils feindront encore de vous la refuser. Vous resterez parmi les hommes, mais vous perdrez vos droits à l'humanité. »

On ne compte plus les affaires, sur les quelques années récemment écoulées, où la décision des tribunaux semblait anecdotique en regard du jugement populaire.

Je sais que, malheureusement, tant que la machine judiciaire ne sera pas plus efficace, les justiciers du Net voudront faire la loi.

On me dit que je n'ai pas le droit de parler ainsi, que mon histoire sert de paratonnerre face à ceux qui craignent une dictature victimaire.

C'est faux.

1. Alexis de Tocqueville, *De la démocratie en Amérique* (tome 1, 1835, tome 2, 1840), Flammarion, coll. « GF », 2010.

Mon histoire est le souvenir d'un monde qui détruisait la vie des présumées victimes sans n'en rien savoir, son exemple n'autorise pas à détruire aujourd'hui la vie des présumés accusés sans en savoir davantage.

Je refuse l'assignation victimaire, je refuse que mon passé serve de refuge à certains pour aller y puiser la bonne conscience de leurs actes de mise à mort symbolique. L'ancienne victime que je suis, la victime que j'ai été, aura toujours à cœur de bien traiter les plaignantes, de refuser de les voir servir de cible aux mille gangs émetteurs de jugements en ligne, mais respecter les droits de l'une ne saurait revenir à bafouer ceux de l'autre.

Dans son *Traité sur la tolérance*, que Voltaire écrivit à l'occasion de la mort de Jean Calas, il raconte la naissance de l'opinion publique. Racontant comme elle est versatile et d'un maniement délicat, il rappelle l'importance de la mesure. Jean Calas est le chef d'une famille protestante de Toulouse. Nous sommes à une époque où la religion est une affaire sérieuse. L'homme est commerçant, marchand de tissus. Le 13 octobre 1761, son fils aîné, Marc-Antoine Calas, est retrouvé étranglé dans la maison familiale. Les soupçons se portent rapidement sur le père, qui n'aurait pas supporté que son fils veuille se convertir au catholicisme. Face au manque de preuves, on admet des ouï-dire comme quarts de preuves et des ragots comme huitièmes de preuves, après avoir diffusé un appel à témoins. Faute de véritables preuves testimoniales, les preuves conjecturales font l'affaire.

Le 9 mars 1762, Jean Calas est condamné en appel par le parlement de Toulouse.

Le 10 mars 1762, il est roué vif, étranglé, puis brûlé en place publique.

C'est un autre fils de Jean Calas, Pierre, qui rencontrera Voltaire après l'exécution de son père. Le philosophe vient de publier une lettre d'une violence inouïe sur le condamné. Mais Pierre le convainc de l'innocence de son père et, dès lors, Voltaire mettra tout en œuvre pour obtenir la révision du procès et la réhabilitation de la mémoire de Jean Calas.

Il s'élève en redresseur de torts, qui est la juste position du défenseur des droits.

C'est dans ce contexte qu'il rédige, en 1763, son *Traité sur la tolérance*, afin de convaincre de l'importance de rejuger celui contre lequel il avait tout d'abord pris fait et cause. Dans ce texte capital pour comprendre le mécanisme de ce qui s'impose comme l'une des premières *fake news* de l'Histoire, Voltaire écrit : « La faiblesse de notre raison et l'insuffisance de nos lois se font sentir tous les jours ; mais dans quelle occasion en découvre-t-on mieux la misère que quand la prépondérance d'une seule voix fait rouer un citoyen[1] ? »

Le 4 juin 1764, le Conseil du roi casse l'arrêt du parlement de Toulouse pour vice de procédure.

Le 9 mars 1765, le tribunal des requêtes rend, en dernier ressort, un arrêt réhabilitant la mémoire de Jean Calas.

1. Voltaire, *Traité sur la tolérance*, *op. cit.*

On me parle de l'affaire Duhamel sur laquelle je me suis tant exprimée, mais cette sombre histoire d'inceste n'incitait pas à bafouer la présomption d'innocence car, faut-il le rappeler, l'homme dont il est question n'a jamais nié les faits.

C'est important tout de même : il n'a jamais nié les faits.

Faut-il avoir bien peu de discernement pour comparer des accusations déniées pour lesquelles on attend les résultats d'enquêtes, et des affaires dont les accusés sont aussi des coupables de leurs propres aveux et dont on veut tirer les conséquences.

On ne saurait, au nom de l'égalité, vouloir recréer de nouvelles inégalités.

On ne peut, en invoquant des années d'oppression, souhaiter l'instauration de tyrannies légales.

Au fondement de notre pacte républicain existe l'égalité de chacun devant la loi, on ne peut appeler à briser ce pacte en arguant que la femme a subi, des siècles durant, un sexisme systémique et qu'il est temps pour les hommes d'y goûter.

On ne saurait corriger une injustice en lui substituant l'injustice inverse.

La victime systémique, le sexisme à l'appui

Quand on parle de « sexisme systémique », il faut se rappeler que les mots ont un sens et que c'est leur faire dire n'importe quoi que de prétendre que la France est un État qui aurait, en tant que tel, institutionnalisé le sexisme systémique. Je ne vois pas qu'existent sur notre sol des lois interdisant des lieux, des fonctions, des ambitions aux femmes en raison de leur genre. Ce qui ne veut évidemment pas dire que les inégalités n'existent pas, mais qu'imputer ces inégalités à une organisation systémique à l'échelle de l'État est tout simplement faux.

Nietzsche écrit : « L'esprit de système est toujours l'indice d'un manque de probité[1]. »

Le paradoxe du sexisme systémique est qu'il est aussi faux qu'il est... irréfutable.

On ne réfute pas un dogme.

Or, plus que fausse, l'accusation est dogmatique.

1. Friedrich Nietzsche, *Crépuscule des idoles ou Comment philosopher à coups de marteau* (1888), Gallimard, 1988.

À celui qui voit un « système » dans le sexisme, on ne peut rien opposer car il saura intégrer chaque agression de la vie dans ce système fantasmé. De la même façon, il balaiera chaque contre-exemple comme on souffle pour chasser la poussière.

Ce qui est indémontrable est irréfutable, c'est bien aisé.

Dans le chapitre de *La Quête inachevée*[1] qu'il consacre à la psychanalyse, à Freud et à Marx, le philosophe des sciences Karl Popper décrypte la façon dont l'irréfutable érigé en règle est commode :

« Passe-moi le sel...

— Ah ! Toi tu aimes le sel, ça prouve que tu souffres du complexe d'Œdipe.

— OK. Ne me passe pas le sel...

— Ah ! Tu ne veux pas de sel ? Ça prouve que tu refoules. »

Victoire par K.-O. de l'irréfutable.

Ce qui veut dire encore qu'affirmer qu'il existe une volonté politique et exécutive qui viserait à entretenir une domination sexuelle à travers la mise en place venue d'en haut d'un système rabaissant la femme est tout aussi faux qu'il est terriblement compliqué de prouver le contraire à ceux qui le croient.

Là où le sexisme existe, c'est que la loi est contournée.

Il ne faut jamais s'en contenter et vouloir toujours lutter contre toutes les formes de sexisme, chercher inlassablement l'égalité et vouloir que la loi s'applique de façon plus contraignante. Mais

1. Karl Popper, *La Quête inachevée* (1976), Calmann-Lévy, 1981.

dire que la France est un pays qui entretiendrait un « sexisme systémique » n'est pas exact. Déclarer que les femmes sont légalement bridées souffre de les enfermer dans une case d'éternelles martyres qui ne correspond plus à la réalité juridique du pays.

Pourtant, nombre de féministes n'ont à la bouche que la volonté d'y mettre fin.

Et pour démontrer cette nécessité, qui entraîne, selon elles, l'obligation de définir des droits spécifiques, elles veulent tout caractériser par le genre.

Tout est dit comme si l'objectif, pour certaines, était de devenir le genre vainqueur après des années de souffrance et de domination (que la plupart n'a pas vécues), et donc de mettre à mal tout ce qui vient du genre ennemi, représentant de ce qui serait un « sexisme systémique ».

Reprenons la loi contre les violences sexuelles sur les jeunes mineurs : ces féministes n'en voudront pas car le garde des Sceaux, ancien avocat d'accusés dans des affaires d'abus sexuels, est un homme symbole du patriarcat dominant dont le passé professionnel n'a pas l'heur de plaire.

La loi n'est plus appréciée pour ce qu'elle est, ni le ministre pour son action présente, laquelle sera irréprochable dans ce combat, mais pour celui qui la défend. En l'occurrence, Éric Dupond-Moretti, ancien avocat d'individus mis en accusation, lesquels, dans un État démocratique, ont autant droit à une défense que les plaignantes. Comment ne pas penser à l'*Émile ou De l'éducation*[1] de Rousseau, qui reste un très grand livre d'apprentissage, et sera néanmoins vigoureusement critiqué pour la seule raison que Jean-Jacques Rousseau a placé ses enfants à l'Assistance publique.

Quand le ministre dira, à juste titre, que le droit ne peut aller contre la présomption d'innocence, alors ces femmes, arguant qu'il est, homme blanc cisgenre[2] de plus de cinquante ans au passé qui ne convient définitivement pas, le symbole du patriarcat dominant, réclameront que l'on mette fin à la présomption d'innocence, au moins en l'espèce.

Céder sur cette égalité fondamentale, qu'elle concerne les violences sexuelles perpétrées sur des adultes ou sur des enfants, brise à la fois la logique universaliste et l'idéal égalitaire voulu par les féministes qui nous ont précédés dans ces combats.

Il est primordial et indiscutable que notre égalité de droit dépasse les questions de sexe, de religion, de couleur de peau ou de quelque autre élément signant nos différences individuelles.

Petit à petit, on constate que ces féministes – silencieuses sur des atteintes contemporaines aux libertés fondamentales des femmes, pourtant évidentes et véritables, comme le voile ou le mariage forcé – se

1. Rousseau, *Émile ou De l'éducation* (1762), Flammarion, coll. « GF », 2009.

2. Cisgenre : se dit d'une personne dont l'identité de genre (féminin ou masculin), est en accord avec le sexe avec lequel elle est née. C'est l'exact contraire d'une personne transgenre.

retrouvent les figures de proue de combats visant à définir des droits différents selon les genres, au motif qu'il faut rattraper des retards qu'elles n'ont pas nécessairement connus, avec la secrète ambition d'atteindre un pouvoir qui ne cesse de les griser davantage chaque jour.

Quel paradoxe et quelle hypocrisie que de réclamer la fin de l'égalité des sexes au nom de l'égalité des sexes, les pieds bien en appui sur le tabouret du passé, sans pour autant parler de ce qu'elles voient car elles ont les mains liées aux intérêts victimaires et intersectionnels.

Les yeux voilés des féministes

Dans *Fausse route*, écrit en 2003, Élisabeth Badinter alerte déjà : « Le port du foulard imposé par les courants fondamentalistes signifie qu'une femme doit cacher ses cheveux pour ne pas être objet de désir. Il est le signal pour tous les hommes qui ne sont pas de sa famille qu'elle est inabordable et intouchable. Sans lui, non seulement elle est provocante, mais elle endosse la responsabilité de cette provocation et de ses suites. D'emblée, la femme est coupable de susciter des désirs impurs alors que l'homme est innocenté de les éprouver. Son corps n'a pas la même valeur que celui de l'homme. Il est une menace qu'il faut dissimuler pour le désexualiser et le rendre inoffensif. Le foulard des jeunes lycéennes françaises et la burka des Afghanes ont la même signification symbolique : cachez ce corps que je ne saurais voir sous peine que j'en fasse ma chose. Seule différence : le degré de fondamentalisme qui n'est évidemment pas le même d'une société à l'autre[1]. »

1. Élisabeth Badinter, *Fausse route*, *op. cit.*

Ce qu'Élisabeth Badinter décrit paraît être l'évidence.

Faut-il que le féminisme se soit perdu en moult conjectures intersectionnelles pour finir par ne plus se prononcer du tout sur le sujet, pourtant le cœur de ce qui devrait être son combat ?

Faut-il avoir bien des relents de dangereuse hypocrisie pour oser présenter, encore une fois au nom de la convergence des luttes, le voile comme un choix qui doit être librement laissé aux femmes et contre lequel s'élever reviendrait à s'opposer au libre arbitre féminin ?

Présenter le voile comme l'apanage de la liberté des femmes, il fallait du ressort !

Mais c'est toute l'habileté de l'islam radical que d'avoir laissé entendre qu'il existerait une islamophobie, littéralement une phobie de l'islam, qui recouvrirait toutes les objections que l'on peut émettre à ce qui atteint à l'égalité des sexes, et que, dans une société égalitaire, les féministes se doivent de formuler.

Et c'est tout le danger de la victimisation généralisée que de laisser dire et faire en silence, par volonté de respecter le sort d'autres victimes fantasmées.

Le voile raconte l'impureté de la femme. En la présentant comme impure, il valide son infériorité à l'homme et en fait sa chose. Dire que le voile est un vêtement comme un autre, que la femme est libre de porter ou non, est au mieux la preuve d'une ignorance crasse des réalités, au pire une cécité sélective qui revient à l'abandon d'un pan de notre égalité de genre si chèrement acquise.

On ne peut pas se positionner en tant que féministe, passer des jours et des nuits à traquer la moindre preuve du patriarcat et de l'oppression de la femme par un homme dictatorial, et fermer les yeux sur le voile, arguant que les femmes sont libres de le porter ou pas.

En 2016, Chahdortt Djavann, romancière et essayiste iranienne qui a fui l'Iran de Khomeiny[1] pour trouver refuge en France, veut faire comprendre au pays l'impasse dans laquelle la question du voile l'entraîne[2], tandis que de grandes enseignes de prêt-à-porter se lancent dans la commercialisation de voiles : « Si on ne fait rien, ça va être très très très grave [...] Il y a un travail sous-terrain des islamistes que j'ai nommé "djihad souterrain". Il faut savoir que lorsque l'on voile une gamine, on lui inculque d'emblée que si une parcelle de sa peau, de ses cheveux, qui doit être dissimulée par le voile, dépasse de ce tissu, toute tentative de viol des hommes sur elle relève de sa responsabilité, de sa culpabilité. » Chahdortt Djavann veut mettre la France face à la réalité du voile, insiste que nous savons tous,

1. Rouhollah Moussavi Khomeiny (1902-1989) est un dignitaire religieux chiite, guide spirituel de la révolution islamique de 1979, qui renversa le shah d'Iran Mohammad Reza Pahlavi. On écrit parfois son nom Khomeini ou Khomeyni, il fut ayatollah et seyyed et installera en Iran une théocratie chiite qu'il gouvernera jusqu'à sa mort en 1989.

2. Dans « L'interview découverte » de Caroline Roux le 6 avril 2016 dans la matinale de Thomas Sotto sur Europe 1.

collectivement, qu'il n'y a pas une acception du voile qui serait valable dans les pays musulmans, et une autre, plus recevable, qui vaudrait pour l'hexagone. Elle poursuit : « Le voile, ce n'est pas seulement un bout de tissu. [...] Autoriser le voile dans les universités, c'est un préalable indispensable à la création d'un parti musulman. Donc ne dites pas l'année prochaine, dans deux ans, dans trois ans : “Comment ça nous est arrivé ?” Soyez au courant. » Ainsi Chahdortt Djavann prévient. Avant sa fuite, alors qu'elle était encore en Iran, elle s'est battue pour refuser le voile que les intégristes voulaient lui imposer. Son combat lui a valu la prison. Sur ce « choix » du voile, revendiqué par certaines femmes, et prétexte à la complaisance des féministes intersectionnelles, Chahdortt Djavann s'énerve et remet, avec rage et conviction, quelques évidences sur la table des discussions : « Dire que quelque chose est – mon choix –, dire par exemple que ce stylo (ndla : elle brandit un bic) est mon choix, ça ne dit pas ce que c'est que ce putain de stylo ! Qu'est-ce que c'est ? Quelle est sa fonction ? À quoi ça sert ? Dire “le voile est mon choix” ne dit pas ce que c'est que le voile. Les islamistes ont piégé tout le monde. Tout le monde parle le discours des islamistes. »

Que le voile soit légal est un fait, et il doit le rester, qu'il soit incompatible avec les valeurs essentielles du féminisme en est un autre.

Où est la liberté quand les Frères musulmans disent aux femmes que le port du voile doit venir du cœur et de l'âme, et répondre à une quête de pureté intérieure ?

Où est la liberté quand il est dit à ces femmes que porter le voile les rendra fidèles à leurs origines, respectueuses de la volonté de Dieu, vertueuses et respectables devant leur communauté ?

Où est la liberté enfin quand le refus de le porter est assimilé à la déchéance, à l'impureté, au rejet des origines et de la religion, à l'affichage en femme déchue de toute estime, et aux prémices de la mécréance ?

Simone de Beauvoir raconte, avec une modernité qui doit nous alerter en tant que féministes : « Il faut une religion pour les femmes comme il en faut une pour le peuple, exactement pour les mêmes raisons : quand on condamne un sexe, une classe à l'immanence, il est nécessaire de lui offrir le mirage d'une transcendance. L'homme a tout avantage à faire endosser par un Dieu les codes qu'il fabrique : et singulièrement puisqu'il exerce sur la femme une autorité souveraine, il est bon que celle-ci lui ait été conférée par l'être souverain[1]. »

En faisant mine de ne pas voir les atteintes évidentes que porte le voile à notre égalité, les féministes silencieuses sur le sujet sont coupables de laisser reculer les valeurs citoyennes au nom desquelles elles prétendent se battre.

Dans l'émission « La Grande Librairie » diffusée le 11 novembre 2020, Élisabeth Badinter analyse :

1. Simone de Beauvoir, *Le Deuxième Sexe*, *op. cit.*

« Peu à peu, au nom de la tolérance – ce qui est, après tout, un bon prétexte – à l'égard des religions qui ne sont pas installées depuis longtemps en France, on a accepté de mettre de côté nos principes pour faire place à autre chose, qui contestait nos principes. »

Le voile est un vêtement sexiste, se battre contre le sexisme et dire son port comme relevant d'une liberté de la femme est à la fois hypocrite et fourbe.

Prises au piège de leurs contradictions, les néoféministes intersectionnelles se sont trouvées, au moment de la prise de Kaboul par les Talibans en août 2021, dans la folle situation de devoir concilier leur timide condamnation des conséquences dramatiques de l'intégrisme islamiste afghan sur les libertés fondamentales des femmes de ce pays, sans jamais accepter de condamner l'intégrisme islamiste tout court.

Leur malaise témoigne du déséquilibre de leur position, aucune pirouette ne saura les sauver vraiment.

Elles s'en sont pris au président français, c'est aux talibans que l'on aurait aimé les voir s'attaquer !

Le 15 août 2021, alors que les troupes militaires américaines quittent progressivement l'Afghanistan, les forces talibanes prennent la capitale, Kaboul, par l'ouest. L'assaut fait suite à une offensive massive de ces islamistes rigoristes et de leurs alliés, le 1er mai 2021, alors que la plupart des soldats états-uniens commencent à se retirer du territoire. L'armée régulière afghane déserte sans résister ; les forces talibanes, préparées à des offensives violentes et musclées, reprennent finalement le pouvoir sans franchement combattre, vingt ans après en avoir été chassés par les Américains.

Le 15 août 2021, dès l'après-midi, le président de la République, Ashraf Ghani, démissionne et quitte le pays pour, dit-il, empêcher un « bain de sang ».

Reste les Afghans, et surtout les Afghanes, abandonnées par une communauté internationale qui évacue ambassades et ressortissants dans une ambiance de fin du monde.

Les talibans imposent au peuple la charia, c'est même à ça qu'on les reconnaît. Alors il convient de rappeler ici ce qu'est la charia. Elle est la loi islamique qui codifie et réglemente l'ensemble des droits et des devoirs, tant individuels que collectifs, des musulmans. Elle énonce le statut personnel et familial, le droit pénal et le droit public. En d'autres termes, la charia est la constitution de l'islam le plus dur qui soit. À elle le soin de codifier chaque moment de la vie, dans le strict respect d'une interprétation rigoriste des textes. Aux contrevenants, on inflige des châtiments corporels, des exactions publiques, quand on ne procède pas à leur exécution sommaire.

Mais à chaque pays musulman « sa » charia, son interprétation des textes, plus ou moins rigide.

En la matière, les talibans ont déjà prouvé, entre 1996 et 2001, qu'ils n'étaient pas en reste de rigueur et de barbarie.

Et c'est là tout l'enjeu des talibans 2.0 : faire croire au progrès, au changement, à l'évolution, à leur évolution. Faire croire que le taliban d'hier n'est pas celui d'aujourd'hui et qu'en 20 ans, le barbare s'est adouci.

Mais s'il est évident qu'ils ont appris l'art de la communication et des réseaux, notamment à Doha, au Qatar, il n'y a que peu d'espoir que l'obscurantisme qui guide ces hommes se soit beaucoup éclairci, sans compter qu'il existe de multiples mouvances talibanes, chacune voyant le pire à sa porte, et les promesses des uns n'engagent pas tout à fait les autres.

La lauréate du prix Nobel de la paix en 2014, Malala Yousafzai, qui prit une balle talibane à 15 ans, le 9 octobre 2012, pour avoir milité en faveur de l'éducation des filles au Pakistan, déclarait à la BBC quelques jours après la prise de Kaboul : « J'ai eu l'occasion de parler à quelques activistes en Afghanistan, y compris des droits des femmes, et ils partagent leur inquiétude car ils ne sont pas sûrs de ce que leur vie va être. »

A minima engrillagées, recouvertes d'une burqa qui les dissimule de tous à l'extérieur, et d'abord d'elles-mêmes, interdites de sortir sans la présence d'un homme à leur côté, les femmes afghanes voient leur libertés élémentaires plongées dans le noir, autant que le sont désormais leur corps et leurs cheveux.

Ces femmes devenues bien souvent, au cours de ces vingt dernières années, des chefs de famille, étaient même parfois, au cœur de la capitale afghane, magistrates, artistes, interprètes, journalistes ou encore directrices d'école.

Quel avenir pour elles ?

Shabnam Dawran, journaliste afghane en poste depuis 6 ans à la télévision publique RTA (Radio Television Afghanistan), s'est vu interdire l'entrée de ses bureaux au moment du changement de régime. Les téléspectateurs ont pu constater qu'elle avait été remplacée à l'antenne, fort opportunément, par un homme.

Dans une vidéo postée sur les réseaux le 18 août 2021, Shabnam Dawran appelle à l'aide ceux qui voudront bien l'entendre : « Ceux qui m'écoutent, si le monde m'entend, s'il vous plaît, aidez-nous car nos vies sont en danger. »

Par dizaines, et au risque de leur vie, tant qu'elles ont encore les moyens de la communication, ces femmes prisonnières de la rigueur religieuse postent sur les réseaux des messages de désespoir comme autant de bouteilles à la mer. Le visage flouté, ou non, elles supplient le monde de ne pas les oublier, de ne pas les abandonner complètement.

Alors quoi ? Les néoféministes ont-elles condamné, avec la force et la conviction du désespoir et de la solidarité, la barbarie talibane et l'obscurantisme religieux ? Ont-elles signifié toute leur humaine détestation de l'intégrisme islamiste ? Ont-elles revu leurs positions sur le port du voile ?

Non.

Non, elles ont interpellé Macron, s'adressant directement à lui, « président de la République française et chef de la diplomatie », exigeant dans une pétition mise en ligne sur les réseaux[1] qu'il « organise l'accueil en France des défenseuses et défenseurs afghans des droits humains ». Elles ont également demandé au premier des Français qu'il organise « l'accueil des femmes et minorités de genre qui souhaiteront trouver en France un refuge », avant

1. https://www.change.org/p/emmanuel-macron-pour-que-la-france-accueille-les-défenseuses-des-droits-des-femmes-afghanes

de conclure : « Et organisez-le sans attendre. » Après cette pétition, une autre a suivi, Emmanuel Macron en était une nouvelle fois le destinataire et le journal *Le Parisien* la relayait le 21 août 2021. Celle-ci annonçait : « Nous, féministes et femmes de tous les genres, de toutes les divergences, de toutes les écoles, de toutes les sphères sociales et politiques, nous décidons aujourd'hui d'enterrer la hache de guerre et la géopolitique et de faire front dans un seul objectif : la vie et la liberté pour les Afghanes, l'ouverture de nos frontières et l'accueil inconditionnel de nos sœurs et de leurs familles. »

Il serait malhonnête d'affirmer que ces féministes-là n'ont rien dit des Afghanes, force est de constater que sur la politique d'accueil de ces réfugiées par la France, elles se sont clairement prononcées. Demander l'accueil « inconditionnel » est tout autant discutable qu'irréalisable et pervers, elles font ainsi une requête à laquelle elles savent pertinemment que la France ne pourra jamais totalement répondre. Les voilà assurées d'avoir un angle d'attaque perpétuel sur le sujet, sans dommages intersectionnels collatéraux.

Mais était-ce à cet endroit que l'on aurait voulu trouver le féminisme en premier lieu ?

Elles s'en sont pris au président français, c'est aux talibans afghans que l'on aurait aimé les voir s'attaquer avant toute autre personne.

Sur la charia, sur l'application rigoriste des textes, sur l'intégrisme islamiste qui avilit la femme, sur la burqa qui l'invisibilise, sur ses libertés qu'on lui retire au nom de la religion, sur la folie talibane… sur le sujet, en somme, rien. Le silence, ou presque.

Et comme ce silence est gênant.

Pire, le 18 août 2021, Françoise Vergès, qui se présente comme une « féministe antiraciste décoloniale et anticapitaliste » française, ose publier sur Twitter, alors que les chefs talibans viennent de tenir leur premier simulacre de conférence de presse : « Je ne vois pas tellement de différence question présence de femmes avec les conférences de presse ailleurs, notamment en Occident. » Toute honte bue, cul-sec.

Alors, au demi-silence des féministes intersectionnelles sur ces questions dont on comprend leur crainte qu'elles heurtent leurs frères de combat, les féministes universalistes ont répondu par la confrontation et l'explication de sous-texte. Le 20 avril 2021, Abnousse Shalmani, écrivain, réalisatrice et journaliste française, née en Iran, pays qu'elle a quitté en 1985, à l'âge de 8 ans, signe une tribune dans le journal *L'Express* qu'elle appelle « La chute de Kaboul, le silence des néoféministes et la mémoire qui s'efface ». Elle y explique avec amertume : « Les talibans ont mis vingt ans à reconquérir l'Afghanistan. Pendant ce temps, en Occident, l'idéologie “identitariste”, complaisante avec les fanatiques, est née. » Tout est dit.

Le 21 août 2021, Rachel Khan, actrice, écrivain et juriste française, féministe universaliste auteur de *Racée*[1], livre de résistance aux théories mortifères des

1. Éditions de l'Observatoire, 2021.

racialistes, publie dans le *Journal du Dimanche* sa tribune « Silence, on tue à Kaboul ». Elle s'insurge : « Les décolonialistes et féministes intersectionnelles semblent n'être ni offensées ni indignées face à [la situation]. Celles qui se disent seules légitimes, en tant que "concernées", à lutter contre les discriminations, celles qui dénoncent avec grandiloquence la domination des mâles blancs cisgenres de plus de 50 ans, l'invisibilisation des femmes, le colonialisme bien après les indépendances, le racisme systémique tout en vivant dans un État de droit, ne se positionnent pas face au pire. »

Rachel Khan ajoute : « Ainsi, pour les néoféministes, racialistes, les féministes universalistes feraient mieux de déchausser leurs lunettes de colons qui voient ces femmes en burqa, derrière un grillage, comme des victimes d'une domination alors qu'elles ne sont que dans leur rôle "traditionnel". Ce relativisme culturel, révèle une nouvelle fois cette tenaille entre l'extrême gauche et l'extrême droite. Les Afghans ont leurs traditions tribales alors comme dirait l'autre "cela ne nous regarde pas". » La messe est dite.

Rien ne saurait, finalement, cacher la réalité : ces néoféministes sont tombées, avec l'horreur afghane, sur un os. Les voilà bien gênées de condamner, là-bas, à Kaboul, des idées qu'elles défendent ici, en France. Leur complaisance avec l'islam politique, qu'elles nomment plus joliment « lutte antiraciste », ne trouvera jamais à s'accorder avec un quelconque féminisme digne de ce nom. J'en veux pour preuve leur condamnation presque unanime de la loi qui, désormais, interdit les certificats de virginité, leur défense du niqab que certaines présentent comme un « choix » légalement empêché[1] ici, quand elles condamnent la burqa du bout des lèvres là-bas, ou encore la façon qu'elles ont de présenter le voile comme l'outil ultime de l'émancipation féminine quand il est, et restera, avant tout, le symbole de l'oppression et de la domination.

Le voile, symbole de l'islamisme avant que d'être étendard musulman, ne peut décemment se concilier avec un quelconque féminisme. Les deux sont antinomiques par essence.

Que l'on parle de l'Afghanistan ou de la France, et quelle que soit leur mouvance, les féministes intersectionnelles ne condamneront jamais complètement les islamistes qui seront pourtant toujours, et définitivement, des ennemis de la femme.

Ainsi, les féministes de l'ère nouvelle préfèrent voir des victimes encore, toujours et partout, jusqu'à privilégier à la lutte contre l'obscurantisme, des combats moins clivants…

On les trouvera plus sûrement à réécrire les contes pour enfants, à réinterpréter la galanterie quotidienne en sexisme ordinaire, ou à remettre en cause la consommation de lait comme de perpétuelles atteintes au féminisme selon leurs théories *woke*, tandis qu'elles feront à jamais silence sur le voile qui, à lui seul, devrait mettre en alerte toute leur capacité d'insurrection.

1. Loi n° 2010-1192 du 11 octobre 2010.

Les *woke* et leurs gestes déplacés

Au départ, le *wokisme* consiste à se réveiller, ou à rester éveillé (*woke* signifiant « éveillé » en anglais), de façon à percevoir les inégalités qui nous entourent, et face auxquelles il ne faut pas rester endormis, passifs. Pourquoi pas.

Les problèmes surgissent quand, regardant autour d'eux, les adeptes des théories *woke* décident de revisiter le monde à travers le prisme victimaire, sans autre considération du tout.

Ainsi réécrivent-ils le passé et le présent, retirant toute la complexité des choses pour ne plus les voir que sous l'angle de l'oppression.

Les féministes *woke* sont ainsi parties dans une quête infinie dont l'objectif est de démontrer que tous les instants qui nous définissent en tant que collectivité ne sont qu'une suite de manifestations du patriarcat dominant.

La femme n'est plus qu'un être dont il convient de justifier qu'il est une victime de la domination masculine, comme si rien d'autre n'existait.

Quand la lutte féministe existentialiste a voulu prouver qu'il n'existe aucun déterminisme à ce que la femme soit soumise, et que l'égalité des sexes ne doit pas être remise en cause pour cette même raison, les féministes *woke* veulent au contraire établir que la femme est une victime de toute éternité, et cherchent par tout moyen à revendiquer un statut d'opprimée. Voici ces femmes persuadées que de la victimisation viendra l'immunité féminine, attisant au passage une guerre des sexes démodée, alors même qu'il faudrait pousser au dépassement de ces clichés d'un autre temps, à l'émancipation dans la culture et la prise en main.

Le 8 mars 2018, Journée internationale de défense des droits des femmes, Peta France (Pour une éthique dans le traitement des animaux) récupère à son compte les théories *woke* et diffuse un article intitulé « Être réellement féministe, c'est également être végan ».

L'article commence : « En cette journée internationale des droits des femmes, engageons-nous à lutter contre la souffrance de tous les êtres de sexe féminin, peu importe l'espèce à laquelle ils appartiennent. » Dès les premières lignes, on ramène la femme à son animalité, sans faire mention de l'homme qui, lui, reste implicitement un être humain.

Ainsi, pour mettre en avant ses idées de véganisme, (dont je ne juge pas la pertinence par ailleurs, là n'est pas le sujet), Peta essentialise la femme quand le féminisme veut, lui, au contraire, l'extraire de ce déterminisme.

L'association mélange tout, le *wokisme* n'a jamais aussi bien porté son nom. Si en cuisine, le résultat est plutôt bon, en féminisme, il est indigeste.

L'article continue : « Le féminisme consiste à lutter contre la manière dont certains êtres sont exploités au profit d'êtres “supérieurs” arbitrairement désignés, ainsi les féministes doivent en toute logique rejeter l'exploitation animale. Comme c'est le cas pour les femmes, la vulnérabilité perçue des animaux est utilisée comme justification implicite de leur exploitation. »

Inscrite dans la tendance, Peta creuse toujours plus profondément les tranchées entre les femmes et les hommes, ramenant la lutte féministe à une lutte contre l'exploitation au profit d'êtres supérieurs.

Dans les faits, cette définition du féminisme nous ramène aux années 1960, il est dommage de ne pas avoir évolué avec l'époque.

Surtout, l'article réduit la femme à son unique fonction de reproductrice, comme si elle n'était que cela, sans autre grandeur que celle de porter la vie et de la nourrir.

Comme toujours, Simone de Beauvoir a écrit avant moi ce qu'il y avait à en dire. Dans le deuxième livre du *Deuxième Sexe*, elle écrit : « On a vu que l'infériorité de la femme venait originellement de ce qu'elle s'est d'abord bornée à répéter la vie tandis que l'homme inventait des raisons de vivre, à ses yeux plus essentielles que la pure facticité de l'existence ; enfermer la femme dans la maternité, ce serait perpétuer cette situation. »

Perpétuer cette situation… donc.

Mais le meilleur est à venir !

« Le fait de consommer des animaux et leurs sécrétions (œufs, lait…) ne peut s'inscrire dans une véritable ligne féministe. En effet : comment lutter pour les droits reproductifs des femmes tout en ignorant et même en soutenant l'exploitation des organes reproducteurs de vaches et de poules ? La production de viande, de lait et d'œufs est basée sur l'exploitation du système reproducteur féminin, et des actes qui seraient qualifiés de meurtre, de torture, de viol et d'esclavage si on les faisait subir à des femmes. »

En d'autres termes, Peta affirme qu'au nom de convictions féministes, on ne peut pas lutter pour une vie sexuelle et reproductive des femmes sans risque ni contrainte ou, comme le définit plus précisément le droit international relatif aux droits de l'homme, lutter pour l'assurance donnée à toute femme « des soins et des services en matière de santé sexuelle et reproductive, accessibles, abordables et de bonne qualité » et boire du lait !

Amnesty International détaille la lutte pour les droits reproductifs comme un combat visant à imposer, partout dans le monde, que « la sexualité et la procréation relèvent de la vie personnelle de chacun. Ce sont des droits que les gouvernements doivent garantir et protéger ». En ce sens, Amnesty International demande de « donner à chacun les moyens et le pouvoir d'effectuer des choix libres en matière de sexualité et de procréation ; lutter sans relâche contre toutes les pratiques discriminatoires et violentes qui peuvent limiter ou contraindre l'accès à ces droits ; supprimer toutes les mesures qui réglementent ou pénalisent l'accès aux droits sexuels et reproductifs ; favoriser l'accès à l'éducation, à l'information et aux services qui permettent de faire valoir et d'exercer ces droits de manière libre et consentie[1] ».

Donc, selon Peta, une bonne féministe ne saurait revendiquer le droit à l'IVG et à la pilule, et manger des œufs.

En conclusion : la femme est une poule comme les autres !

Le 17 janvier 2019, le Haut Conseil à l'égalité entre les femmes et les hommes a publié son premier état des lieux du sexisme en France. À la page 24 d'un rapport qui en compte 140, ses auteurs s'interrogent sur ce que serait la réalité de la galanterie.

Selon le document, « la galanterie, qui repose sur l'asymétrie des sexes, est une contrepartie des sociétés patriarcales visant à maintenir les femmes dans leur état d'asservissement ».

Quand Alain Finkielkraut explique comment la galanterie est un humanisme qui s'appuie sur le sentiment d'une infériorité et des devoirs qu'elle impose à l'homme dominant, c'est effectivement ce qu'il dit.

Le philosophe donne pour argument la galanterie du XVIIIe siècle, qui est une courtoisie témoignée envers

1. https://www.amnesty.fr/droits-sexuels

les femmes « dont le fondement est l'inégalité entre les êtres[1] ». Pour appuyer son propos, il rappelle David Hume, philosophe écossais des Lumières, qui écrit : « Comme la nature a donné à l'homme la supériorité sur la femme en lui confiant une plus grande force de corps et d'esprit, il lui revient de compenser autant que possible cet avantage par la générosité de son comportement et par une complaisance et une déférence marquées envers toutes les inclinations et toutes les opinions du beau sexe. Les nations barbares affichent cette supériorité en réduisant les femmes à l'esclavage le plus abject. Elles sont enfermées, battues, vendues ou tuées. Tandis que dans une nation polie, le sexe masculin manifeste son autorité de manière plus généreuse mais non moins marquée par la civilité, le respect et la complaisance, en un mot par la galanterie. »

Ce qui est historiquement vrai n'a plus de réalité contemporaine, et Finkielkraut a facilement deux siècles de retard.

S'élever contre la galanterie d'aujourd'hui au nom du sexisme systémique d'hier est un nouvel anachronisme.

Les choses ont changé depuis les premiers temps de la galanterie, et comparer le galant des temps de l'oppression organisée au galant des temps modernes n'est que pure malhonnêteté intellectuelle.

L'homme galant qui, au rayon pâtes du supermarché, laissera la femme passer son Caddie avant le

1. « Vivre-ensemble, la leçon d'Alain Finkielkraut », *Causeur*, n° 41, novembre 2011.

sien ou qui, emmenant sa compagne dîner au restaurant pour leurs noces de coton, lui tirera sa chaise pour qu'elle s'assoie plus facilement, veut juste faire preuve de prévenance et de respect.

Voilà donc mon premier désaccord avec Beauvoir qui voit, elle aussi, la galanterie comme une contrepartie de la supériorité sociale de l'homme, une façon de maintenir la femme dans un asservissement joyeux. Beauvoir écrit que « la femme est vouée à la galanterie du fait que ses salaires sont minimes tandis que le standard de vie que la société exige d'elle est très haut [...] ; il faut qu'elle plaise aux hommes pour réussir sa vie de femme[1] ».

Dans *La Cause des femmes*[2], paru en 1973, Gisèle Halimi, bien que d'accord avec Beauvoir, tempérera le propos en posant la galanterie comme acceptable si hommes et femmes sont uniment galants.

Mais il est une chose à noter, qui doit tout autant attirer notre attention que nuancer les propos de Beauvoir et Halimi : la première publie son livre *Le Deuxième Sexe* en 1949, et la seconde en 1973. En 1949, les femmes mariées n'ont, en France, pas encore droit au compte bancaire ni au chéquier, pas davantage qu'elles ne peuvent travailler sans l'assentiment écrit de leur mari. La contraception n'est encore ni autorisée ni remboursée, pas d'avantage que l'IVG bien sûr. En 1949, toujours, la mère ne peut pas transmettre sa nationalité à son

1. Simone de Beauvoir, *Le Deuxième Sexe*, *op. cit.*
2. Gisèle Halimi, *La Cause des femmes*, Grasset, 1973.

enfant, cette prérogative étant absolument réservée au père.

En 1973, le viol n'est toujours pas défini par le droit, pas plus que ne l'est l'égalité professionnelle entre les sexes. Le viol entre époux et le harcèlement au travail ne sont pas encore punis par la loi.

Ce que je veux dire, c'est que les positions de Simone de Beauvoir puis de Gisèle Halimi sur la galanterie sont à remettre dans leur contexte.

Et on touche là du doigt la perversion des idéologies du *wokisme* victimaire appliquées au féminisme : elles amalgament tout, le passé et le présent, se servant de temps révolus comme de marchepieds à des doctrines qui portent la fracture sociale en leur sein.

Quand le Haut Conseil définit la galanterie comme un sexisme qui veut « dissimuler l'inégalité sous des fleurs », il replace la galanterie dans une perspective historique.

Sa conclusion est donc logique, mais elle ne saurait être associée sans une certaine malhonnêteté au quidam du XXIe siècle, quand il a la politesse d'être galant.

Dans *XY, De l'identité masculine*, paru en 1992, Élisabeth Badinter s'éloigne elle aussi de l'avis de Beauvoir sur le sujet, dont elle revendique pourtant une évidente filiation philosophique. C'est qu'entre 1949 et 1992, beaucoup de choses ont changé, et la guerre des sexes, qui fut l'unique possibilité de parvenir à l'égalité, n'a plus de raison d'être en 1992.

À l'époque, Élisabeth Badinter écrit : « Le rapport entre hommes et femmes en France est plus doux, plus solidaire, plus empreint de séduction que dans d'autres cultures européennes. Rien ne fait plus horreur aux Français, hommes et femmes, que la guerre des sexes ou la séparation physique entre eux[1]. »

Voilà pourtant tout l'enjeu des féministes *woke* : recréer à tout prix les conditions d'une guerre des sexes en refusant toute contextualisation. Là où elles affirment que la galanterie étouffe (avec de la soie) la femme sous le poids de son histoire patriarcale, je veux répondre que la galanterie moderne n'est qu'un ensemble de règles de politesse qui veulent, au contraire, traiter l'autre avec une jolie considération.

Parfois, la galanterie devient séduction, ou du moins en est-elle le vestibule, mais mon féminisme se satisfait de préférer l'élégance de ses marques de respect à la rudesse de certains abords vulgaires.

Il n'y a que l'infinie revendication victimaire de certaines théories *woke* pour penser qu'assassiner les codes unilatéraux de la galanterie nous mènera collectivement vers plus d'équité de genre.

Il vaudra toujours mieux raconter l'héritage du passé que le condamner, l'humanité ne vient pas de nulle part, la femme ne fait pas exception, bien au contraire.

Sa force est dans son parcours ; gommer son passé, « *canceller* » ce qui ne convient plus, équivaut à nier son incroyable résilience.

1. Élisabeth Badinter, *XY, De l'identité masculine*, Odile Jacob, 1992.

Le grand ménage de la *cancel culture*

Il n'y a pas d'équivalent français pour qualifier cette culture de la dénonciation publique qui veut aboutir à l'effacement de l'individu. On pourrait dire « culture de l'effacement », sans doute ce qui semble le plus exact. La simplicité est parfois gage de justesse.

Évidemment, la méthode est américaine et n'est qu'un héritage du célèbre « *Wanted* » que nous avons tous vu dans les westerns et qui revenait à institutionnaliser la dénonciation.

Cette époque capturait puis pendait ou enfermait sans autre forme de procès. Symboliquement, les choses n'ont pas beaucoup changé.

Point n'était alors question des droits de la défense ou de la nécessité de la preuve. Dans ce contexte, la présomption d'innocence n'était qu'un principe très abstrait.

Mais a-t-on jamais cité la conquête de l'Ouest comme le temps et le lieu d'une apogée droits-de-l'hommiste ?

En 2017, avec l'émergence du mouvement #MeToo, les dénonciations en ligne suivies d'appels au boycott et d'injonctions à l'effacement sont devenues le moment de bien des chasses aux sorcières. À cet égard, Internet est un média privilégié qui ajoute le poids de la masse populaire à la volonté d'exclure du monde des vivants ceux que l'on accuse, avant même qu'ils soient jugés.

Il n'y a rien d'étonnant à ce que les Américains aient vite cédé à ce qui n'a jamais tant ressemblé à de la censure.

Il y a, outre-Atlantique, une tradition de puritanisme qui commande à chaque personne qui se veut dans le camp du bien d'annuler tout ce qui vient du camp d'en face. De l'adultère à la sorcellerie, la délation est vertueuse. C'est dans ce climat, qui dicte que pour être un bon citoyen, il faut être un citoyen qui juge et condamne toutes les manifestations du mal, que se tient le procès des sorcières de Salem, en 1692, dans le Massachusetts.

La prédominance du religieux n'est pas innocente dans le fait que ce pays n'a jamais complètement mis fin aux procès en dénonciation publique.

Le monde est blanc ou noir, il y a le camp du bien et celui du mal, le panel des gris est laissé à la vieille Europe torturée.

En France, on n'accuse pas sans preuves et on n'efface personne, car la liberté d'expression est un droit fondamental. En théorie. Sauf qu'Internet fait voler en éclats bien des théories.

Aux États-Unis, nous sommes en 2017 et l'affaire Weinstein continue d'éclabousser l'industrie du cinéma, quand plusieurs hommes accusent Kevin

Spacey de harcèlement sexuel et d'agression sexuelle. Il est alors l'acteur principal de la célèbre série diffusée sur Netflix, *House of Cards*, au succès mondial et pour laquelle il a obtenu le Golden Globe du meilleur acteur dans une série télévisée dramatique. Son premier accusateur, Anthony Rapp, dénonce, dans une interview au média en ligne BuzzFeed, que le comédien lui aurait fait des avances sexuelles, trente et un ans plus tôt, alors qu'il avait 14 ans et Kevin Spacey 26. Kevin Spacey dira ne se souvenir de rien et présentera ses excuses si les faits se trouvent être exacts. Anthony Rapp ne portera jamais plainte à la suite de ses accusations.

Mais la boîte de Pandore est ouverte. Dans la foulée de cette première dénonciation, huit employés de Netflix dénoncent le comportement de prédateur de l'homme, et la plateforme annonce que l'acteur n'apparaîtra plus dans aucun épisode de la série. Dans la foulée, la société annule la sortie du film que Kevin Spacey venait de réaliser, *Gore*, un biopic sur l'écrivain Gore Vidal, célèbre romancier et scénariste américain, contemporain de Jack Kerouac, Anaïs Nin et Truman Capote.

Ridley Scott, qui vient de tourner *Tout l'argent du monde* avec Kevin Spacey, film qui doit sortir un mois plus tard, choisit de rejouer toutes les scènes du comédien pour le remplacer sur le fil par Christopher Plummer.

En 2021, Kevin Spacey est toujours poursuivi pour agression sexuelle par deux hommes pour des faits commis alors qu'ils avaient 14 ans, mais son principal accusateur abandonnera ses poursuites le 17 juillet 2019.

En 2021, Kevin Spacey est toujours *effacé* du monde du cinéma.

D'un point de vue strictement légal, il n'est, à ce jour, reconnu coupable de rien.

Il ne m'appartient pas de juger de la culpabilité de Kevin Spacey dans les faits qui lui sont reprochés, je m'en garderai bien.

Ce que j'interroge, c'est le piétinement total de la présomption d'innocence qui, sous la pression du monde virtuel, aboutit à des condamnations dans le monde réel avant même le jugement des cours.

Refusant d'oublier la possibilité du crime, de l'effacer, les néo-féministes effacent l'individu.

La *cancel culture* n'est pas seulement une culture de l'effacement, c'est aussi une hypermnésie.

En 2017, la France se sent encore étrangère à ces pratiques – la délation garde chez nous, depuis les atrocités de la guerre de 1939-1945, une connotation morbide –, bien loin du puritanisme américain.

En 2018, la *cancel culture* passe la vitesse supérieure et ne se contente plus seulement d'effacer ceux que l'on accuse, mais appelle à l'éradication des œuvres de ceux qui ne rejoignent pas, par leurs propos ou par leurs actes, le discours féministe dominant.

Margaret Atwood, auteur du roman devenu blason des luttes féministes *La Servante écarlate*[1], devient ainsi la cible d'une campagne de cyberharcèlement massive, appelant à son boycott pour avoir écrit que « trop souvent, les femmes et les autres victimes d'abus sexuels, faute d'obtenir une audience juste des institutions, y compris les entreprises, utilisent un nouvel outil : Internet ».

Le 11 février 2019, j'assiste à un spectacle musical au Casino de Paris[2].

Raphaël Mezrahi organise l'événement dont l'intégralité des bénéfices est reversée à des associations de protection des animaux. Les artistes se succèdent sur scène.

Le célèbre trompettiste franco-libanais Ibrahim Maalouf monte sur le plateau, il accompagne une chanteuse pour son tour de chant.

L'instant est sublime, je me prends d'une envie d'en garder trace.

Je filme le moment, que je diffuserai plus tard sur les réseaux.

Je sais que le musicien est, depuis janvier 2017, accusé d'agression sexuelle, quatre ans plus tôt, envers une mineure de 15 ans. Fin 2018, Ibrahim Maalouf avait été condamné en première instance, décision dont il avait immédiatement fait appel et

1. Margaret Atwood, *La Servante écarlate* (*The Handmaid's Tale*, 1986), Robert Laffont, 2005.

2. Spectacle « La Nuit de la déprime ».

qui faisait de lui, à nouveau, un homme légalement présumé innocent.

Le film que je diffuserai provoquera pourtant l'ire de nombreuses militantes féministes, qui m'enverront des messages d'une violence inouïe, m'accusant de donner à voir un pédophile.

J'argue que la justice n'est pas encore passée et que ce film ne saurait faire de moi la complice de quoi que ce soit, et surtout pas d'un acte de pédophilie qui n'a pas encore été prouvé.

De deux choses l'une, ou l'homme sera reconnu coupable, et chaque personne qui aura vu ce film sera apte, en son âme et conscience, à apprécier rétrospectivement le moment avec la connaissance de cette culpabilité ; ou il sera déclaré innocent, et la controverse est sans objet.

En tous les cas, le moment est au doute, et le doute profite à l'accusé.

Ce moment ne saurait être à l'effacement au nom de convictions morales qui n'ont rien à voir avec le droit.

Le 8 juillet 2020, la cour d'appel de Paris relaxe Ibrahim Maalouf.

La presse en parle peu.

L'urgence médiatique est à la glorification de la victime, qu'importe l'injustice qu'elle véhicule.

Invitée d'une émission de télévision[1], j'avance que le mouvement #MeToo, en ce qu'il interdit toute nuance, m'effraie tout autant qu'il me paraît évidemment salutaire.

1. Émission « C à vous » du mardi 8 décembre 2020 sur France 5.

Dire cela est déjà, aux yeux des rangs extrémistes du féminisme, rejoindre la faction maléfique.

La nuance devient courage, car elle impose une rigueur dont beaucoup se soustraient au bénéfice d'une binarité morbide.

Je rappelle alors sur ce plateau qu'Ibrahim Maalouf, relaxé par la justice, et donc légalement innocent des faits qui lui étaient reprochés, n'a pas eu droit, au moment de cette décision, à la même couverture médiatique que celle qui avait largement commenté sa mise en accusation. Je pointe là une dérive inquiétante, validée par les médias, d'un mouvement qui n'a à cœur que de dénoncer ce qu'il estime venir du camp d'en face, celui de l'homme, désigné comme l'ennemi ancestral.

Tant que l'accusation valide une logique de domination « systémique », elle fait grand bruit, et tout ce qui invaliderait cette binarité du monde est gommé.

Au lendemain de ce moment de télévision, une journaliste m'écrira que je n'aurais pas dû parler d'Ibrahim Maalouf, elle m'écrira être d'accord sur le fond, mais dira que « ça ne doit pas faire partie du discours ».

Je pense le contraire.

Le combat ne saurait laisser place au lynchage, fût-ce par compassion victimaire.

Ça n'est pas en sacralisant la parole de la plaignante pour en faire une victime envers et contre tout, jusqu'à ne plus respecter les décisions des juges, que l'on rendra la femme plus forte.

Si la commisération victimaire prend le pas sur l'État de droit, c'est que notre État démocratique est remis en question.

Or, c'est l'État de droit qui nous protège de l'arbitraire et de l'exécution sommaire, même symbolique.

J'ai moi-même cédé, parfois, à l'appel de la condamnation gratuite.

La pente est attrayante comme l'appel du vide en montagne, autant qu'elle est dangereuse et glissante.

Ça n'est pas en validant les conditions d'une tyrannie que notre sexe sortira grandi.

Bien au contraire, le nécessaire recours au despotisme est la marque des faibles, l'Histoire nous l'a déjà prouvé.

Les tyrannies ne mènent qu'à la rébellion et à la défaite.

Et pourtant, sur la lancée de son effacement des vivants, ce mouvement mortifère entreprend désormais d'effacer les morts.

Et puis finalement, « *canceller* » l'Histoire...

Le pas est vite franchi, dès lors que l'on se laisse séduire par l'attrait du vide de l'effacement, de répondre au désir de gommer du passé tout ce qui ne correspond plus aux doxas contemporaines.

Livres, films, statues, le champ des possibles est infini !

Des années durant, la narration du monde a appartenu aux hommes. Penser qu'un rééquilibrage s'impose ne peut être que salvateur, l'important étant de garder la juste mesure des choses.

L'Histoire n'a pas retenu quantité de femmes remarquables et certaines, à l'instar de Marthe Gautier[1], Alice Guy[2] ou Camille Claudel[3], se sont même vues

1. Marthe Gautier (née en septembre 1925) est une femme médecin française, pédiatre, directrice de recherche honoraire à l'Inserm, qui jouera un rôle majeur dans la découverte, en 1959, du chromosome surnuméraire responsable de la trisomie 21.

2. Alice Guy (1873-1968) est une réalisatrice pionnière de l'histoire du cinéma. En 1896, elle tourne le premier film de fiction au monde, *La Fée aux choux*.

3. Camille Claudel (1864-1943) est une sculptrice et artiste peintre française. Élève du sculpteur Auguste Rodin, elle participe à plusieurs

entièrement dépossédées de leur réussite au profit des hommes de leur époque.

En France, 6 % seulement des statues qui décorent nos ronds-points et nos parcs donnent à voir des femmes.

Depuis la préhistoire en passant par l'Antiquité et le Moyen Âge, ce sont les hommes qui décident de ce que l'Histoire retiendra de leur temps, et beaucoup ignorent, par exemple, que la femme préhistorique chassait au même titre que l'homme, autant qu'elle savait se battre contre l'ennemi. Plus tard, si Louise Michel[1] est restée célèbre, peu savent que les femmes de Paris étaient nombreuses sur les barricades, et qu'auprès des communards existaient des communardes. *Souvenirs d'une morte vivante*[2], publié en 1909 par Victorine Brocher, alors âgée de 71 ans, renseigne sur ces oubliées. Elle y raconte avec élégance l'insurrection parisienne du 18 mars 1871 et son engagement désespéré dans la Commune.

C'est pourquoi il faut compléter l'Histoire, en livrer le sous-texte, raconter ce qui ne l'a pas été, donner à voir plus de créations féminines. Rappeler que les

---

de ses œuvres et lui devient vite, de son propre aveu, indispensable. La légende lui prête la réalisation complète de certaines des œuvres attribuées à Rodin. Elle finira internée de force à l'asile psychiatrique et mourra dans un certain anonymat.

1. Louise Michel (1830-1905) est une institutrice, écrivaine, militante anarchiste et féministe française. Elle intégrera la Garde nationale et sera l'une des figures majeures de la Commune de Paris.

2. Victorine Brocher, *Souvenirs d'une morte vivante* (1909), La Découverte, 2002.

femmes n'ont pas été étrangères à la construction du monde doit être un impératif du monde d'après.

Mais effacer, nier, bâillonner un passé qui ne convient plus, des auteurs qui ne valident pas un nouveau credo totalitaire, revient à gommer nos fondations, notre histoire collective et le long chemin qui fut le nôtre, en tant que société.

Tandis qu'enfant on m'enseignait l'importance du devoir de mémoire, tout se passe comme si le néo-féminisme « *cancellant* » voulait lui substituer le devoir d'oubli.

Faire table rase du passé pour y bâtir un présent sans histoire, voilà le danger du jeu pervers de l'effacement systématique.

Il faut vouloir la contextualisation, la connaissance et l'éducation, ça n'est pas en fermant les yeux sur le passé que l'on grandira l'éternel féminin.

Dans notre Histoire commune, la femme trouvera la preuve de son exceptionnelle résilience qui fait notre force à tous, en tant qu'ensemble universel.

La femme a derrière elle une longue histoire de domination.

Les traces du passé sont les vestiges de notre chemin collectif qui est aussi notre parcours, notre fil, la grande aventure de notre genre.

« Force à nous[1] »

Je me rappelle regarder mon chien courir dans les herbes tout juste tondues.

C'est en 2011, au mois de juin.

Je viens d'avoir 32 ans.

Je suis au téléphone avec Gisèle Halimi.

Je lui dis : « Avoir un chien protège de la folie du monde. Quoi qu'il puisse se passer dans votre vie, vous savez, il faudra toujours sortir le chien. Le chien se fiche que la presse internationale vous cherche, l'animal veut sortir. Ça fait relativiser tout le reste, de devoir sortir le chien. »

Nous parlons longtemps.

Elle me dit que s'il le faut, elle est là.

Puis elle me parle du féminisme, du monde qui a changé, de tout ce qui a déjà été fait, des batailles de son temps, de tout ce qu'il reste à faire.

Ça n'est plus du tout la même chose, ce qu'il reste à faire.

1. « Force à nous » sont les mots prononcés par Mila à sa sortie du tribunal correctionnel de Paris le 7 juillet 2021, à l'issue du procès qui l'opposait à douze de ses cyberharceleurs et a abouti à la condamnation de onze d'entre eux.

Ça n'est pas rien, mais c'est autre chose.

On parle de la récupération de l'affaire, de la dignité, de ce qu'il faut de recul pour savoir avancer.

On parle longtemps.

On parlera rarement, mais toujours longtemps.

Elle me dit que je suis forte, que je n'en ai pas l'air, mais que je suis forte.

Je veux bien la croire.

Je me dis que c'est un peu de l'histoire de mon sexe que je porte avec mon air fragile.

Nous sommes bien plus fortes que nous en avons l'air.

Notre aventure collective est une suite de malentendus dont nous avons été les premières dupes.

Nous sommes l'égale de l'homme, mais ça ne s'est pas toujours vu.

Gisèle Halimi a été de celles qui ont fait que le droit français consacre désormais cette évidence.

Il ne faudra plus jamais l'oublier : nous sommes l'égal de l'homme.

Elle me dit que sa génération a gagné ses combats, qu'elle nous passe le relais pour les suivants.

Je ne sais pas à qui elle pense quand elle dit « vous devez prendre le relais maintenant ».

Ce que je sais, c'est que la course n'est plus seulement une histoire de femmes.

C'est à nous tous de prendre notre part de responsabilité à présent.

C'est ensemble que nous parviendrons à l'égalité au quotidien.

Gisèle Halimi était du monde d'avant le monde d'avant.

C'était une immense dame.

Le garde du corps s'approche, il n'ose pas me déranger.

Il me glisse : « Il y a un paparazzi caché derrière l'arbre, Tristane. »

Je sais que la présence de ce photographe raconte quelque chose de grave sur l'époque.

Quelque temps après cette première conversation, Gisèle Halimi déclarera à la presse me connaître.

Je pense qu'elle voulait me donner un peu de sa force.

Est-ce qu'on connaît quelqu'un que l'on n'a jamais vu ?

Sans doute, un peu.

Elle savait des choses de moi que j'ai apprises bien plus tard.

Au moment d'achever ce livre, je relis ces mots de Simone de Beauvoir :

« C'est au sein du transitoire que l'homme s'accomplit, ou jamais[1]. »

Nous sommes en phase de transition, à nous de décider d'aller de l'avant, ou de revenir soixante ans en arrière avec le sentiment déraisonné de faire avancer le combat.

1. Simone de Beauvoir, *Pour une morale de l'ambiguïté*, *op. cit.*

ANNEXES

L'appel des 164 personnalités pour défendre les enfants

Mesdames et messieurs qui faites les lois,
Monsieur le président Emmanuel Macron,
Monsieur le secrétaire d'État Adrien Taquet,

Le 21 janvier 2021, le Sénat a adopté le projet de proposition de loi Billon qui vise à fixer le seuil du non-consentement sexuel de l'enfant à l'âge de 13 ans.

Autrement dit, le Sénat a décidé que l'acte de pénétration sexuelle de quelque nature qu'elle soit entre un mineur de moins de 13 ans et un adulte serait *de facto* considéré comme un crime, sans possibilité pour l'adulte de se défendre d'un consentement apparent, sous-entendu ou revendiqué par l'enfant.

C'est bien, mais c'est insuffisant.
C'est bien, mais c'est dangereux.

Après avoir lu « La Familia Grande », où Camille Kouchner raconte comment son frère jumeau de

14 ans a subi l'inceste de son beau-père, le célèbre constitutionnaliste Olivier Duhamel ; après avoir lu « Le Consentement », de Vanessa Springora, où la jeune femme raconte comment elle est tombée à 14 ans (encore) sous l'emprise de l'écrivain pédophile Gabriel Matzneff ; après avoir lu Christine Angot, après avoir lu Catherine Allégret, après avoir lu les dizaines de milliers de témoignages d'anonymes qui ont trouvé à s'exprimer sous le désormais célèbre hashtag #MeTooInceste...

Après que les victimes ont trouvé la force et le courage d'ouvrir grands les yeux de la société, vous qui faites les lois ne pouvez pas rester les seuls à les garder partiellement clos.

Évidemment que l'instauration d'un seuil de non-consentement fixé à 13 ans est un progrès, mais il est petit et incomplet.

Votre progrès laisse la possibilité, pour un pédocriminel qui violerait un enfant de 13 à 15 ans, de prétendre que l'enfant était consentant. Avec la possibilité du consentement, c'est la requalification de l'acte et l'allègement de la peine qui s'ensuivent.

Votre progrès est sans sens car il n'aligne pas le seuil de non-consentement sur l'interdit à 15 ans posé par la loi Schiappa.

Votre progrès crée une zone trouble pour les crimes sur mineurs de 13 à 15 ans, et cette zone trouble, si vous pouvez vous en contenter, nous ne pouvons l'admettre.

Votre progrès est absurde, car il ne considère pas les victimes d'inceste comme des enfants de leurs parents, des frères ou des sœurs sous emprise, et ceux bien au-delà de votre seuil de 13 ans qui les rendrait apte à consentir. Qui peut dire qu'il n'est pas resté l'enfant de son ascendant légal jusqu'à 18 ans, au moins ?

Il n'y a qu'en alignant le seuil du non-consentement sur l'interdit à 15 ans posé par la loi Schiappa que votre progrès sera véritable.

Il n'y a qu'en reconnaissant l'impossibilité de consentir à l'inceste avant 18 ans que votre progrès sera remarquable.

Mesdames et messieurs qui faites les lois, nos espoirs étaient grands, votre progrès est tout petit.

Vous brandissez en bouclier le couple que formerait cet adulte de 18 ans avec un enfant de 14 ans et demi, nous voulons vous rappeler ici que les lois doivent être faites pour protéger le plus grand nombre et non pour des situations marginales fantasmagoriques.

Vous criez qu'existent des blocages juridiques qui rendraient inconstitutionnel un seuil de 15 ans, nous voulons vous dire que c'est votre métier de débloquer les choses.

Mesdames et messieurs qui faites les lois,
Monsieur le président Emmanuel Macron,
Monsieur le secrétaire d'État Adrien Taquet,

Nous anciens enfants, nous parents, nous frères, nous sœurs, nous famille, nous amis, nous Français, nous associations, nous soignants, nous juristes, nous votants, nous… citoyens !

Nous qui voyons les chiffres : 10 % des Français qui auraient subi l'inceste, six millions de personnes ; un enfant mineur violé toutes les heures en France ; un Français sur six ou cinq qui aurait subi un acte de pédocriminalité, dix millions de personnes, dix millions de Français, c'est de crime de masse dont nous parlons ;

Nous qui voulons que des lois fermes dissuadent ces actes inacceptables,

Nous tous, qui signons aujourd'hui cette pétition, vous demandons que ce seuil de non-consentement soit fixé à 15 ans, 18 en cas d'inceste. Nous ne saurons nous contenter de votre petit progrès, nos attentes sont bien trop grandes pour cela.

Tristane Banon, au nom du Collectif pour l'Enfance :

Enfance majuscule, Face à l'inceste, Enfance et Partage, CDP-Enfance, Agir contre la prostitution des enfants, L'Enfant d'abord, Le Monde à travers un regard, SOS Inceste & Violences sexuelles, APACS (Association pour la protection contre les agressions et crimes sexuels), COFRADE (Conseil français des associations pour les droits de l'enfant), Institut de Victimologie, Enfance Intégrité, Réseau VIF (Violences intra-familiales), La Parole libérée, Fédération des comités Alexis Danan pour la protection de l'enfance, Mémoire traumatique et Victimologie, Collectif féministe contre le viol, EVRA pour la protection de l'enfance, Le déni, ça suffit !, Victime Inceste, Le Refuge, ARIV (Antenne réunionnaise de l'institut de Victimologie), E3DE (Ensemble pour défendre et développer les droits des enfants), L'Enfance au cœur, La Génération qui parle, Touche pas à mon enfance, REPPEA (Réseau de professionnels pour la protection de l'enfance et l'adolescence), Colosse aux pieds d'argile, Un Nouveau Jour, Les Enfants de Tamar, LAMEVIT (Association des mille et une victimes d'inceste et de traumatismes), etc.

Suivent les 163 cosignataires.

Cette lettre fit la une du magazine *Le Parisien week-end* n° 23780 du 12 février 2021.

Ce numéro très particulier a été rendu possible grâce à l'engagement et à l'implication de Nicolas Charbonneau, directeur de la rédaction, et de Christine Monin, sa rédactrice en chef.

Le travail, la bienveillance, l'implication et la sagesse de Vanessa Saab, secrétaire adjointe du Collectif pour l'Enfance et vice-présidente d'Enfance majuscule, furent magnifiques et déterminants.

Ce long chemin...
puis l'égalité

1882 : les lois Ferry décident que l'enseignement primaire obligatoire, laïc et gratuit, sera désormais ouvert aux filles comme il l'était depuis un an pour les garçons.

1884 : la loi Naquet rétablit la possibilité légale du divorce pour faute. La faute donne droit au plaignant à la garde des enfants et à une pension. Ainsi, le droit à la répudiation du mari prend définitivement fin et la dépendance financière de la femme se retrouve un peu corrigée.

1907 : les femmes peuvent disposer comme bon leur semble de leur salaire.

1913 : le congé payé de maternité de quatre semaines est voté.

1924 : les programmes scolaires, qui étaient jusqu'à présent spécifiques au genre, sont désormais les mêmes pour les filles et les garçons.

1936 : Léon Blum nomme trois femmes sous-secrétaires d'État.

1938 : l'autorité maritale est légalement abrogée, ce qui met fin à l'incapacité civile de la femme mariée. C'est donc l'abolition définitive du devoir d'obéissance de la femme envers le mari, lequel était encore inscrit dans le Code Napoléon. L'homme conserve néanmoins le droit d'interdire à sa femme de travailler et de choisir le lieu de résidence du foyer.

1944 : le droit de vote des femmes est inscrit dans la loi, avec celui de se présenter aux élections.

1945 : le salaire dit « féminin » prend fin. Désormais, selon la loi, « à travail égal, salaire égal ».

1946 : la Constitution est modifiée et pose désormais, dès son préambule, le principe inaliénable de l'égalité des femmes et des hommes.

1960 : l'autorisation est donnée aux mères célibataires d'avoir un livret de famille.

1965 : les femmes mariées peuvent avoir un compte en banque et signer un contrat de travail sans l'autorisation de leur mari.

1967 : la loi Neuwirth autorise la contraception.

1970 : le Code civil supprime définitivement la notion de « chef de famille ».

1973 : la mère peut, au même titre que le père, transmettre sa nationalité à son enfant naturel ou légitime.

1974 : le recours à la contraception est remboursé par la Sécurité sociale.

1975 : la loi Veil est votée, autorisant l'interruption volontaire de grossesse (IVG). La même année, l'obligation est imposée à tous les établissements d'enseignement public d'être mixtes.

1979 : les Nations unies tiennent leur première convention sur l'élimination des discriminations envers les femmes, ratifiée par la France en 1983.

1980 : le viol est enfin qualifié par le droit français.

1982 : la France reconnaît le statut du conjoint collaborateur pour les artisans, restaurateurs et commerçants. La même année, l'IVG est remboursée par la Sécurité sociale.

1983 : la loi Roudy valide l'égalité professionnelle entre les sexes. Elle renouvelle l'interdiction de toute mention ou considération se rapportant au sexe dans le domaine professionnel et prévoit la possibilité d'avoir recours à des actions positives afin d'obtenir une égalité réelle.

1985 : l'égalité des époux dans la gestion des biens de la famille est consacrée par la loi.

1990 : la Cour de cassation reconnaît la possibilité du viol entre époux. Cette jurisprudence ne sera jamais démentie par la suite.

1992 : le harcèlement au travail est légalement établi par la loi.

1994 : le Code pénal reconnaît comme une circonstance aggravante du viol le fait qu'il soit commis par le conjoint ou le concubin.

1999 : la Constitution est révisée pour rendre possible le traité de Rome signé par la France en juillet 1998 et imposant la parité politique. Ainsi, les articles 3 et 4 de la Constitution de 1958 disposent que « la loi favorise l'égal accès des femmes et des hommes aux mandats électoraux et aux fonctions électives », et que les partis doivent contribuer à la mise en œuvre de ce principe de parité.

2001 : la femme peut, tout comme l'homme, transmettre son patronyme à son enfant.

2006 : le nouvel article 144 du Code civil prévoit désormais que « l'homme et la femme ne peuvent contracter mariage avant dix-huit ans révolus ». Auparavant, cet âge était fixé à 15 ans pour les filles et à 18 ans pour les garçons. Avec cette nouvelle disposition, c'est le dernier paragraphe de loi sexiste qui disparaît définitivement de notre droit français.

Depuis 2006, aucune loi ne saurait être différente selon qu'elle s'applique à une femme ou à un homme.

Nous sommes tous des citoyens égaux devant la justice.

Remerciements

Merci à Raphaël Enthoven, mon bel ami, nos compréhensions réciproques sont des cadeaux merveilleux.

Merci à Rachel Khan, aux liens qui nous font sœurs, et à papa, qui veille.

Merci à Muriel Beyer, notre présent est une résilience qui raconte quelque chose de beau.

Merci à Séverine Courtaud, ta patience infinie et ton savoir-faire des mots et des âmes m'ont été précieux.

Merci à Pierre Lefèvre, mon mari, qui refuse si joliment l'essentialisme, même s'il ne le dit pas comme ça.

Table

ANNEXES

Composition et mise en pages
Nord Compo à Villeneuve-d'Ascq

CET OUVRAGE
A ÉTÉ ACHEVÉ D'IMPRIMER
SUR ROTO-PAGE
PAR L'IMPRIMERIE FLOCH À MAYENNE
EN OCTOBRE 2021

N° d'impression : 99191
Imprimé en France